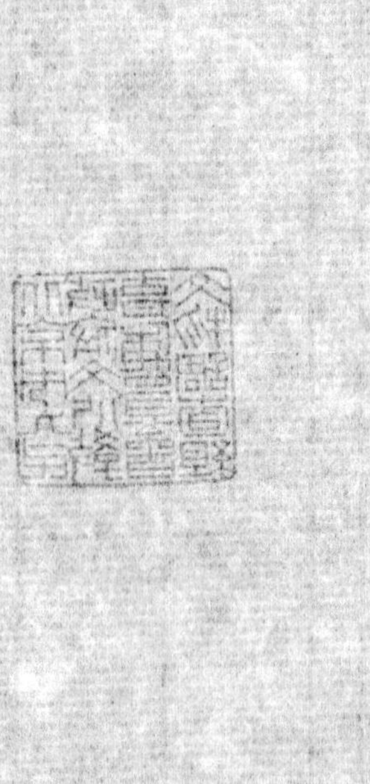

日下舊聞卷四十

石鼓考上

避車既工避馬既同 章云避石本作𨕣鄭薛氏音我工郭氏云籀文攻字眉山蘇氏石鼓詩亦作攻潘云按詩車攻傳攻堅緻也同齊也物馬齊其力

避車既好避馬既駘 章云好石本作孜駘鄭音臺今作駘郭云恐是籀文駒字騊北野良馬名潘云駘從馬缶聲疑與阜音義同詩車攻田車既好四牡孔阜說者謂阜盛大也

君子員=邋=員斿= 章云員石本作鼎說文員音云益也邋鄭通作獵字員又云員君子指從獵諸臣員員衆多而有禮儀也獵獵旌旗搖動貌斿旌上贅旒詩悠悠旆旌潘云斿旌之末垂者

麀鹿速=君子之求 章云麀牝鹿速速疾行貌田狩之所求潘云速速或曰鹿之足迹

□□卣弓=茲以時 章云卣石本作㡯郭云恐當作卣卣弓即庚公也薛作首鄭作莤周禮庚弓利射侯與弋弓薛作及吕古以字下同潘云卣今按古文作卣寺諸家皆作時然下文别有時字或音侍

避敺其特其來趩= 章云特薛鄭皆作孫字施云以碑本攷之字雖磨滅髣髴是時字趩丑亦反說文行聲也一曰不行貌潘云趩有重文

趮=炱=即避即時麀鹿趚= 施云趮薛鄭本皆有此字碑磨滅不可辨矣鄭云籫今作贊木詳音義

石本有重文遨今作敔與禁禦之禦同章云遨薛作我䢦薛作䢦鄭作趍直離反並無重文潘云䞃音憲鑁作㚇皆有重文其義未詳或曰趱走意鑁衆多也遨與遨小異疑非我字或音禦趍子亦反有重文

其來大即避敺其樸其□遺二或其貊□ 潘云遺徒鹿反續也貊或作貊或音脉蜀恐犢字蓋蜀有獨音施云王氏集諸家釋音未四字皆不著宿得於北方及葉氏本下三字甚明岐城石刻亦載

右第一鼓薛氏楊氏次居八鄭氏次居三施氏次居一 獵碣考異 潘云今按古文苑其序姑從施氏然舊說第九鼓言漁獸而歸第六鼓言治道似乎失先後次序若左右相易始于西北以第六爲第一第五爲第十則先後之序得矣然亦未可必也可讀者十有六句餘未詳凡六十四字此鼓舊本鹵上有孫字遺上有來字今漫滅

文十一行行六字成文作重文者十闕一 周秦刻石釋音

按薛氏本即遨即時下又有遨字恐屬衍文古文苑本麀鹿趩趩下脫其來大即避五字潘氏音訓有之今鼓文其來大三字尚顯避字亦存又敺其樸下古文苑有來射其來鹵既避七字施氏本敺其樸來射句置其來鹵下而無既字今攷此鼓凡十一行重文不計行每六字則薛氏章氏施氏本字數皆溢未

足據矣樸雖從木疑古與僕通然未敢臆定也

汧殹沔沔烝皮淖淵 王氏云汧音牽水名出扶風汧縣西北入渭殹即也字見詛楚文及秦斤鄭樵因此指爲秦物潘云按醫緊皆從殹已見古書非始於秦也郭氏曰讀如緊語助沔籀作泛有重文鄭氏云沔讀作緜盖用平聲叶韵鄭氏云烝字見秦權郭氏云讀如烝進也詩南有嘉魚烝然罩罩王肅云烝衆也殼石本作皮王氏云籀文皮字借作被音文曰烝被淖淵與尚書導菏澤被孟豬之被同義郭音彼淖淵水之深處也

鰋鯉處之君子漁之 潘云鰋鯉皆魚名鰋鄭氏音鰋鮎也處鄭氏讀作居盖取叶韵章云籀文魚字

從寸今省作魚

澫又鯊其斿𣲹 鄭云澫即曼从萬通作曼章云漫漫水之瀰茫處也潘云澫疑有重文又通作有籀文省下同見詛楚文鯊今作鯊魚名所加反𣲹薛氏作散郎𢅄字有重文或音汕叶平聲相干反

帛魚皪皪其盜氐鮮 章云帛以白從水古文泊字今省水之淺處也步各反下同鄭云皪音洛集韵白色也薛作皪字說文皪盧各反魚名潘云䲖鄭氏亦作䱡讀與狙同施氏云按說文側余反䱡也氐典禮反章云皪即皪字音曆的皪白貝言泊中之魚皪皪然潔白也潘云帛即白字言白魚皪皪然潔白登之于狙其鮮也

黃帛其鯾有鱄有鮊 章云黃泊水濁而淺處

鄭氏云鯾即鯿字畀連反或音醯魚名薛作鯛鱄鄭氏

云今作鮒音附郭云並平反今從鱄鮊鄭氏作鮊音白

潘云鮊舊音白今按叶韻音綿

其胡孔庶臠之𩰫𩰫 章云胡郭氏作胠乞及反

博雅羑謂之胠鄭作豆字潘云施氏作豆章云䋣郭氏

云籀文䜌字鄭云䋣讀官反施網也潘云䋣或作繇𩰫

丑若反相如大人賦休𩰫奔走或音使

汗汗搏搏 章云汗郭氏謂籀文洋字鄭云音汗今作瀚𨔶

鄭氏音博或云即遄字

其魚隹可隹鱮隹鯉可以橐之隹楊及柳 章云隹通作維可通作何橐說文符宵反鄭云

與標同舊本音貫胃山蘇氏石鼓詩作何以貫之潘云

橐从缶橐从省聲也包裹承藉之義非謂穿之也蘇氏

詩作何以貫之恐誤

右第二鼓薛氏楊氏次居五鄭氏次居一 獵碣攷

異 施云十鼓中唯此完好無一字磨滅成文可

讀然字多假借世既逾遠不能盡知故義亦有不

通處更俟博雅君子辨而釋之庶可補雅頌之亡

逸矣潘云成文者十有七句凡六十字

文九行行七字末行五字成文作重文者六無闕

字 周秦刻石釋音

按潘氏音訓汧有重文驗鼓文無之疑丞字

屬上句

田車孔安鋚勒□□𨒪□孔庶左驂旛〻右驂騝〻𨒪以隮于邍章云按詩傳輶車田獵驅逆之車取其輕捷也鋚郭云大幺反轡首銅也廣韵音條紖頭銅飾潘云勒下馬字非全文但偏旁從馬闕左邊當有重文或作馯馯簡選也章云詩騧驪是驂注驂兩騑也車駕四馬在內兩馬謂之服在外兩馬謂之騑郭云旛妨圓反旌旗總名旛旛取其輕舉貌騝居言反爾雅騝騮馬黃脊或云紀偃反壯健貌隮升也潘云邍古原字

𨒪戎止陕宮車其寫秀弓寺射施云鄭本戎字作我下有陣止二字今攷碑本戎世二字上下相承不容有陣止二字于其間世陕字章云薛作陕施疑爲跌字潘云陕疑作陸章云宮車輂車也周禮輂車用于宮中秀與綉同繡弓戎弓也穀梁傳弓繡質靶也戎弓繡其質示不武中有文言田狩之時宮車寫而不用戎弓時施于射方言發稅舍車也舍音寫史記秦每破諸侯舍放其官室讀如卸

麋豕孔庶麀鹿雉兔章云言所獲多品

其𨒪于□其□□□大□出各亞□□吳□執而勿射多庶趍〻君子逌樂章云䳓鄭作紳潘云未詳趀鄭云今作奔或作走施云亞汗簡作亞古孝經作惡蓋古字通用章云吳薛作畀鄭疑即思字碧落碑思作𢍽郭云恐是臭字古老反大白澤也白澤獸名䢦說文郎擊反動也郭云走也鄭氏

白書也白讀樂古樂說文讀若[illegible]又[illegible]也[illegible]古[illegible]
[illegible]讀[illegible]字[illegible]作[illegible]是[illegible]古[illegible]
[illegible]古[illegible]作[illegible]古字通用章[illegible]
章云[illegible]作[illegible]云本[illegible]今作[illegible]
□吳□[illegible]□
[illegible]□□□□[illegible]□
[illegible]章云[illegible]
[illegible]者[illegible]合[illegible]其宮字[illegible]
不用[illegible]于[illegible]方言[illegible]合車也今音[illegible]
[illegible]其[illegible]中有文言用[illegible]車[illegible]
車用于宮中[illegible]同[illegible]
[illegible]章[illegible]車[illegible]
日下書闕

[illegible]本不容[illegible]二字[illegible]章[illegible]
本[illegible]字[illegible]二字今[illegible]本[illegible]二字
[illegible]宮車[illegible]
[illegible]古[illegible]字
[illegible]吉反[illegible]馬[illegible]
[illegible]之[illegible]云[illegible]圓[illegible]
[illegible]車[illegible]四馬[illegible]之[illegible]
馬[illegible]車[illegible]文[illegible]作[illegible]章[illegible]
[illegible]音[illegible]于[illegible]字[illegible]全[illegible]文[illegible]
田[illegible]之車[illegible]其[illegible]大[illegible]
[illegible]章[illegible]車
田車[illegible]□□[illegible]□[illegible]

云與轢同或云郎谷反𨔶薛氏作𨔶鄭氏作逌按漢書地里志酆水逌同五行志夔倫逌叙郎古攸字

右第三鼓薛氏楊氏施氏次居三鄭氏次居四獵碣攷異　潘云可讀者十有五句餘不成文凡六十五字

周秦刻石釋音

文十行行七字末行六字成文作重文者四闕七

按止陝二字鼓文甚明下接宫車字潘恆山讀陝爲陸近是鄭漁仲以陝爲陣又顛倒其文置止字下章升道則以止字誤世字施武子又疑陝爲跌于是字數溢出與鼓文不合矣

□□鑾車𠦪敕眞□　郭云人君乘車四馬鑣八鑾鈴象鸞鳥聲从鸞從金省章云按經史多作鸞左傳錫鸞和鈴詩八鸞瑲瑲是也𠦪施云說文呼骨反疾也薛作華字鄭云郎擇字潘云敕說文策字或音速眞鄭云郎塡字亦作鎭

□弓孔碩彤矢□□　章云彤弓朱弓也孔氏以彤弓爲周禮之唐弓大弓碩大也或曰碩實也筋角膠木各得其所則弓體實潘云彤弓彤矢天子以錫有功諸侯詩彤弓弨兮書文矦之命彤弓一彤矢百是也

□　潘氏作四馬其寫六轡□□　古文茹作驚鶩鄭云五到反章云讀若遇諸家本並鶩字上闕一字無重文

徒馭孔庶鄜□宣搏 章云𨑥諸家本皆作徒字馭鄭云今作馭鄜薛作鄜鄭云亦作鄜或云即鄜字諸家本韋見詛楚文今作宣上闕一字施云宿本並不見重文岐城刻本亦無

酋車載衍戎徒如章邍隰陰陽 酋鄭云即酋字詩所謂酋車鸞鑣田狩之車也章云𢦏籀文載字衍今作道字邍鄭云今作濕通作隰徒從也徒從整布如文章然原高陸也隰卑濕也其高低向背皆有陰陽公劉詩相彼陰陽度其原隰

趍〻六馬射之族〻 趍鄭云即趍字七走反詩騶維趍馬潘云有重文族郭云籀文族古作𡿠小異鄭云與李商隱族字相近疑即族字借作鏃耳潘云有重文章云趍今作徐六馬天子所駕趍趍然調和閑習射則矢鏃之族族徐不迫言皆合禮有一發五豝之意

日下舊聞　卷四十　七

□□如虎獸鹿如□□□多賢迧禽
□□避禽允異 章云獸猶禽謂搏取之也四方有不順王命者禽芟而獸獮之如虎搏鹿不勞餘力也迧鄭氏作狥兎薛本作鹿施云字磨滅不可辨

右第四鼓薛氏楊氏施氏皆四鄭氏次居五獵碣考異 章云言策命諸臣潘云言田獵之事其文可讀者僅七句凡五十三字

文十行行六字末行五字成文作重文者九闕七

□□□天霝雨□流 章云衛詩靈雨既零毛周秦刻石釋音

□□□天霝雨□[illegible] 章云錢詩霝雨[illegible]

閒秦詩石鼓音

文十行行六字末行五字成文作重文者九闕七

文可識者僅七句凡五十二字

倉考異　章云言筆命諸臣潘云言田獵之事也

右第四鼓薛氏楊氏施氏大昔四鄭氏大居五[illegible]

也鄭氏作[illegible]西吳本作鹿潘云字闕滅不可辨

有不順王命者會於西而獵鋪之如書傳迪不勞動力也

□□[illegible] 章六鑾猶會寫謂東之也四方

□□[illegible]□□□[illegible]

須夫擴文臺請命不適言者合禮有一然王和之意

文章云遵今作待六馬天子所乘東遵後淵和聞君射

日下書闕

樂真本奄闕來字甫云鼓即荐字借作[illegible]王潘云有重

鑄蘇馬潘云作重文諧不云籀文疾古作疾小異鄭云

[illegible] 趙鄭云與庶字大士反詩穆

開公劉詩相彼陰陽度其夕陽

亦如文章然原高也隰卑濕也其高低向背皆有陰

字鄭今作道字[illegible]鄭云今作陽潘通作陽走從從從是

坤薛字詩亦作車擊畋獵之車也章云韓籀文載

首車[illegible] 首鄭云

見重文趙鄭施本亦無

皆宋本空見薛章文今作宣土闕一字施云有本空不

字鑾潘云今作駿鄭薛作駁[illegible]

[illegible]□[illegible] 章云此薛宋本皆作[illegible]

氏注靈善也𤃡今省作流見説文

迄滂盈渫濟 盈章云説文盈字渫鄭云今作渫私列反濟鄭云今作滋郭云濕潘云五字今磨滅不可辨惟渫字僅存其半

君子即涉涉馬□流汧殹洎洎淒淒舫舟由逮 涉施云即涉字見義雲章章云汧殹即前章所謂言君子將乘馬涉水而歸汧水流汎不可流舫符望反兩舟並也由薛作凭字鄭作西云見尹㚅或作由逮鄭云即歸字或作湜潘云此上二十餘字今剥落不可考

□□自𨜶徒馭湯湯維舟以行或陰或陽 𨜶鄭作𨜶籀文鄭作鄠湯章云音傷前言乘馬以涉水濊不可次言並舟而歸路或悠長今徒馭衆多當維繫其舟遵道而行水北爲陽南爲陰或從水之陽或從水之陰皆可歸也潘云陰或二字今亦闕陽字僅存其半予家藏墨本尚有之

极深以戶□于水一方 章云极薛氏作枝鄭云即楫字按于水一方足上文或陰或陽意也施云薛鄭本以字下有戶字碑本磨滅不可辨

彡□□止其奔其敔其叓 施云叓古文事字見説文今僅存下數畫

右第五鼓薛氏楊氏次居九鄭氏次居八 獵碣攷異 章云言漁狩而歸潘云可讀者僅三句餘皆磨滅不成文凡二十六字

文十一行行六字成文作重文者四闕十三 周秦

猷乍邍乍導遄我司除帥彼阪□莽爲

世里澂澂=逌𣡕𣡕柞棫其櫝椶櫪鳴=

亞箬其𠦪爲所斿䚯盩導二日合孫

章云籀文作𢦏作通遄薛郭作徒字鄭作遄字騔鄭作治字施氏謂古文孝經治字與此小異阼音序郭作阪音反莽薛音莽郭氏云恐是莽莽草之相糾者居蚪反鄭作莫或作草未審孰是𢼸薛作微逌薛作迺𣡕薛作栗尚書栗作𣡕與此相類說文省作㮚櫛鄭作槃或作拌櫓說文讀作皓方老反薛作格櫨櫨薛作庸或云遘字箬薛郭俱作若𠦪薛作華鄭云況于反䚯薛作憂鄭作夒籃郭作籃合薛音合鄭云疑即盦字音饗施云世三十也文曰爲三十里以三十爲世書家謂之會意佛書謂之二合若字書卅乃蘇合反非世字也合上從五字其文尚可辨并從合也又薛鄭本下有孫字今碑本無此字

右第六鼓薛氏楊氏次居七鄭氏次居二　獵碣攷異　鄭云言除道也施云此鼓乃向傳師皇祐間所搜訪而得之者每行僅存四字自四字而上磨滅者傳師磨去刻當時得之之由故今所存皆斷續不成文鄭樵乃以猷作原作導遄我治除帥阪阪莫爲世里十六字爲成辭蓋鄭所見乃遺文之摹刻者不知其本末嘗相屬也潘云每行僅存四字其上皆闕二三字蓋五代之亂散落民間穴中

以爲臼故今所存皆斷續不成文凡四十一字

文十一行行五字末行二字成文作重文者二闕十周秦刻石釋音

而師弓庶左滔〻是戮不具徒復具亯來其寫小大具來樂天子來嗣王始古我來 章云而上有闕文施云鄭本師下有弓矢孔左驂字今本磨滅巖說文古熾字相類奪下薛本有𡩜字闕音肝鄭作肝音吁尖薛作尖鄭作矢恐是小大二字鐘鼎款識多此類

右第七鼓薛氏楊氏次居一鄭氏次居九 獵碣攷異 潘云今剝落僅存十有四字皆不成文

文十行行七字末行三字成文作重文者三闕四

十二周秦刻石釋音

按施氏以尖爲小大二字小大具來卽魯頌無小無大從公于邁之義鄭作矢固非薛作尖尤謬

吾走驂〻馬薦若莽〻殺雉立其一止 章云驂鄭作劑蕣鄭作薦莽薛作奔鄭云卽若字古諾字也殺施云說文與徹同薛作放音非也宿二本下未有止字此本作之

右第八鼓薛氏楊氏次居六鄭氏次居七 獵碣攷異 施云此鼓最磨滅僅存十三字不復成文潘云予家藏舊本止有𢻹字存今并剝落矣

文五行行五字作重文者一闕多不成文 周秦刻

衛水導既平既止嘉樹則里天子永寧　章云衛上闕一字嘉薛作嘉施云說文喜字如此爲大意言水既疏導民可樹藝地可井界天子之心爲之安寧嘉樹二字未必連屬也

日隹丙申　施云宿本丙申下二字尚可辨

衛其用導馬既申敕霸霸駕　章云申重也敕戒也按文駕上闕一字

左驂驐驐驐驐扯史　施云驐五到反馬怒也扯說文識字與此相類章云驐鄭音遨扯郭氏云子一反摘鄭氏云疑即𧾷達字潘云驐有重文

不翰霾公謂天子余及如害不余及　郭云籀文翰从飛霾恐是籀文霾字鄭云即诊字害今省作周施云說文害字

右第九鼓薛氏楊氏次居二鄭氏次居十　獵碣攷異　施云上下皆磨滅不成文章云言除道潘云可讀者惟七句凡五十二字

文十五行行五字末行四字成文作重文者七闕二十一　周秦刻石釋音

吳人憐亟　王云吳通作虞鄭云汧水出于吳山故曰于汧而狩于吳也施云其說恐未然憐亦作隣潘云按二說王爲優

朝夕敬載西載北勿竈勿伐　朝薛作敕鄭作朝奄鄭云見盄和鐘通作掩伏薛作戍鄭作伐

鄭作朝　施作寅　潘云見盄和鐘　通作敬　楊作□　薛作□　鄭作□　潘作□　施作□

朝夕敬□載西載北勿□勿代

薛二讀王爲𢦏

□于而行于吳也　鄭云其讀思未然恭亦作蘭潘云山于兩而行于吳也山出于吳山故

吳人憐亟　王云吳通作虞　鄭云吳亦作麋

二十一　周秦刻石釋音

文十五行　行五字　末行四字　作重文亦七闕

可讀者僅七句　凡五十二字

右第九鼓　薛氏楊氏夬居二　鄭氏夬居十　潘氏居

異　鄭云上下皆闕不成文章　潘云言語道斷云

音亦同　鄭云音文字

日下舊聞　卷四十　十二

薛云籀文鑾从聯　潘云是籀文鑾字　薛云鑾鈴今字

天□□□□天子□□□□□不余

凡云□有□字　薛云鑾亦重文

薛字與此□章云鑾鄭音□近亦見六十一　又鄭鑾

□□□□□□□□　施云鑾王□又□□□□文

□□□□□□□□□□章云中重也敕

故也　□文□上闕一字

□□□□　□云宿本作內中不二字可辨

之安寧喜樹二字本□無屬也

寫大意言本曠藏其又可樹藝□所井來天子之心焉

□章云□上闕一字章作喜　□云□文古字也

□□□□□□□□□□□子□

古釋音

𢓊而止䜴用大祝章𩭄 鄭云𢓊郎嵒字章云或作畢字碑已磨滅𢧜薛作獻鄭作待章薛作高章云按碧落碑高字同此鄭云章作享𩭄薛作埶章云說文埶與藝同鄭云亦作社潘云寧或作厲

逸㠯子圞𥠖𥠖遊六鐘二天子永是 章云籀文圞作圞見說文潘云或作田字古文苑本麀鹿下有麌麌二字䪢鄭云郎畦字見郝敦厖敦潘云有重文

右第十鼓薛氏楊氏次居十鄭氏次居六 獵碣攷異 潘云今僅存二十三字

文十行行八字末行二字成文作重文者五闕三十五 周秦刻石釋音

按𢍏多𢍏多𠇍疑是勿翦勿伐四字盄和鐘文𢍏多二畫與此微不同伐字則薛本所書最顯也

寶泉述書賦篆則周史籀當代稱之遺芳刻石永播清規籀之狀也若生動而神憑通自然而無涯遠則虹紳結絡邇則瓊樹離披 法書要錄

周伯溫石鼓賦予嘗攷古石刻而岐陽石鼓爲第一每讀韋韓蘇三君子之歌心益奇之訪諸士大夫具在京師欲往一觀而無由也皇上踐祚之始年有詔置石鼓太學遂列於宣聖廟之兩塾尊之也明年改元皇慶余列國子生撫玩之獲償所願夫以三代遺物置庠序中盛典也韓詩有云聖恩若許留太學諸

生講解得切磋𥁞欲而不得故冀之於乎韓公不得見于昔時而吾輩得見于今日何幸如之輒爲賦曰周有石鼓今在辟雍列橋門而甲乙相輝映于西東紛質理之泐蝕偉形制之穹崇有文秩秩有詞渢渢法皇頡之妙畫續小雅之變風蔚兮九天之儀鳳蜿兮六合之神龍欣獸魚之物庶嘉車馬之攻同歷歷兮璚林森球于元圃依依兮神雲隱見于蒼穹嗟追琢之渾厚茲制作于天工於赫宣王弘振頽綱四國既遂百職既張聡茲農暇載飭戎行蹶武前人蒐于岐陽史籀才藝當時俊良播于聲詩勒之琳瑯其形之不一者因樸質之自然其數書於十者表治極而功■■戰國暴秦而翦晦者抑貞介遠其汙辱歷兩

漢六朝而不泯没者必神物爲之護防歲紀茲茲顯于李唐韋韓歌之轟其有芳迄宋宣和斯遷于梁金人襲没遂歸朔方維天子之龍飛嘩文運之日昌誕降德音聿登上庠文石重藉周■旁六經彝訓因時表章大比曠典同日舉揚遐邇縱觀陳迹復彰嗟夫九州之鼎已沉淪而不可得岣嶁之石又漫滅而不復有惟斯文爲至寶實終古之罕偶借裙攟之有遺不見稱於魯叟何人之蚩蚩𥁞一爲曰■文存庸詎永久後乎此者豈無祖龍之頌功茂陵之封禪亦皆埋什于榛莽雖萬一之或傳適足以著其君之無取然則石鼓之周流於世者天非徒壽之蓋以寄古文於不朽也乃作詩曰刻石鼓兮周賢王■之學

兮自我皇紛胄子兮樂未央日詠歌兮揚揚維大道兮無疆齊地久兮天長維斯鼓兮作配勿壞兮勿傷保億齡兮於耿光 近光集

李丙奎石鼓賦偉周宣之中興鐫石鼓而勤成煩思神之守護復遇元和之太平邈所來之何從實韓門之張生愚嘗玩其辭考其義義雖審而辭嚴與車攻而同意惟字體之瑰奇非科斗而非隸所恨者雨淋日炙之既久而其中可辨如邈之爲我僅百中之一二其幸存而未泯宜退之以之鋪張眩耀于當世謂删詩無西行之迹使至寶爲道傍之棄言有大而實夸遂有以來歐陽子之議安知棄之者非三百篇之删餘又安知爲之者非出于后來之好事 文翰類選

羅曾石鼓賦序岐山石鼓或謂周成王時故物又或以爲宣王後來北方學者乃有以爲宇文周所作者蓋未有可考也觀其文往往與車攻吉日之詩相表裏故知其爲宣王作無疑讀昌黎石鼓之歌誦坡公岐山之詠遂依托爲之賦其辭曰予嘗觀乎鳳翔八觀之一乎岐山蒼蒼西周故疆昔人伊誰內修外攘予嘗訪遺踪于岐下得故物于榛荒曰莓龍剥落雨墨淋漓者奏嶧山之碑乎細筋入骨玉樹交柯者漢原廣之彝乎章殘字缺讀不能句快劍所斷生蛟鼉非秦人詛楚之辭乎蓋歐陽不能語其妙而子雲不能識其奇也於是摩挲徙倚沉吟久之然後喟然嘆曰我馬既同者車攻之徂東也其魚魴鱮者吉日

之宴語也彼頑然者不可抑之鳴兮吾知其爲宣王之石鼓也方其明堂受朝岐邑講蒐萬里無塵四海一秋天戈麾日凝雲不流勒燬功于石鼓將永鎮於岐周異銅仙之可移空囘首于萬牛嗟惟此石俛仰千秋橫奇竇于道側微博雅其誰顧或龍騰而水躍或鸞下而鳳翥雖字體不可知其誰之筆兮意作誦必當時之吉甫曾編詩之不見收兮亦何恨無人乎李杜於是慨然授筆磨著崖之壁泚秋空之露取昌黎慨嘆之言而作石鼓之賦 燕都游覽志

韋應物石鼓歌周宣王大獵兮岐之陽刻石表功兮煒煌煌石如鼓形數止十風雨缺訛苔蘚澀今人濡紙脫其文既擊既拂白黑分忽聞滿卷不可識驚潛

動植走云云飛喘委蛇相糾錯乃是宣王之臣史籀作一書遺此天地間精意長存世溟溟秦家祖龍還刻石碣石之罘李斯迹世人法古猶好傳持來此此殊懸隔 韋蘇州集

韓愈石鼓歌張生手持石鼓文勸我試作石鼓歌少陵無人謫仙死才薄將奈石鼓何周綱凌遲四海沸宣王奮起揮天戈大開明堂受朝賀諸侯劍佩鳴相磨蒐于岐陽騁雄俊萬里禽獸皆遮羅鐫功勒成告萬世鑿石作鼓隳嵯峨從臣才藝咸第一簡選撰刻留山阿雨淋日炙野火燒鬼物守護煩撝訶公從何處得紙本毫髮盡備無差訛辭嚴義密讀難曉字體不類隸與蝌年深豈免有缺劃快劍斫斷生蛟鼉鸞

翔鳳翥衆仙下珊瑚碧樹交枝柯金繩鐵索鎖鈕壯古鼎躍水龍騰梭陋儒編詩不收入二雅褊廹無委蛇孔子西行不到秦掎摭星宿遺羲娥嗟予好古生苦晚對此涕淚雙滂沱憶昔初蒙博士徵其年始改稱元和故人從軍在右輔爲我量度掘臼科濯冠沐浴告祭酒如此至寶存豈多氈包席裹可立致十鼓止載數槖駝薦諸太廟比郜鼎光價豈止百倍過聖恩若許留太學諸生講解得切磋觀經鴻都尚塡咽坐見舉國來奔波剜苔剔蘚露節角安置妥帖平不頗大厦深檐與蓋覆經歷久遠期無他中朝大官老于事詎肯感激徒媕婀牧童敲火牛礪角誰復著手爲摩挲日銷月鑠就埋沒六年西顧空吟哦羲之俗書趁姿媚數紙尚可博白鵞繼周八代征戰罷無人收拾理則那方今太平日無事柄用儒術崇丘軻安能以此上論列願借辯口如懸河石鼓之歌止於此於乎吾意其蹉跎 昌黎集

梅堯臣雷逸老倣石鼓文見遺因呈祭酒吳公作石鼓作自周宣王宣王發憤蒐岐陽我車我馬攻旣良射夫其同弓矢張舫舟又漁鱒鱮鲂何以貫之維柳陽從官執筆言成章書在鼓腰鐫刻藏歷秦漢魏下及唐無人着眼來形相村童戲坐老死喪世復一世如鳥翔惟閱元和韓侍郎始得紙本歌且詳欲以氈衣歸上庠天官媕阿駞肯將傳至我朝一鼓亾九鼓缺剝文失行近人偶見安碓床云鼓作臼刳中央心

喜遺篆猶在傍以臼易臼庸何傷以石補空恐舂粱神物會合居一方雷氏有子胡而長日模月做志慕强聚完辯舛經星霜四百六十飛鳳凰書成大軸絡錦裝偏斜曲直筋骨藏攜之謁我巧趨蹌我無别識心徬徨雖與乃父非故鄉少與乃父同杯觴老向太學鬢已蒼樂子好古親緗緗誰能千載師史倉勤此冷淡何肝腸而今祭酒禪聖皇五經新石立兩廊我欲效韓非癡狂載致出關無所障至寶宜列孔子堂固勝朽版堆屋墻然須雷生往度量登車裹護令相當誠非急務煩紀綱太平得有朝廷光山水大字輦已嘗於此豈不同粃糠海隅異獸乘舟航連日道路費芻糧又與兹器殊柔剛感慨作詩聊激昂願因諫疏投皂囊夜觀奎壁正吐芒天有河鼓亦焜煌持此負鼎干成湯宛陵集

蘇軾石鼓歌冬十二月歲辛丑我初從政見魯叟舊聞石鼓今見之文字鬱律蛟蛇走細觀初以指畫肚欲讀嗟如鉗在口韓公好古生已遲我今況又百年後强尋偏傍推點畫時得一二遺八九我車既攻馬亦同其魚維鱮貫之柳古器縱橫猶識鼎衆星錯落僅名斗糢糊半已似瘢胝詰曲猶能辯跟肘娟娟缺月隱雲霧濯濯嘉禾秀稂莠漂流百戰偶然存獨立千載誰與友上追軒頡相唯諾下揖冰斯同鷇鷇憶昔周宣歌鴻雁當時史籀變蝌斗厭亂人才思聖賢中興天爲生耆耇東征徐方闞虓虎北伐犬戎隨指

嗾象胥雜遝貢狼鹿方召聯翩賜圭卣遂因鼙鼓思將帥豈爲考擊煩矇瞍何人作頌比嵩高萬古斯文齊岣嶁勳勞至大不矜伐文武未遠猶忠厚欲尋年代無甲乙豈有文字記誰某自從周衰更七國竟使秦人有九有埽除詩書誦法律投棄俎豆陳鞭杻當年何人佐祖龍上蔡公子牽黃狗登山刻石頌功烈後者無繼前無偶皆云皇帝巡四國烹滅强暴救黔首六經既以委灰塵此鼓亦當隨擊掊傳聞九鼎淪泗上欲使萬夫沉水取暴君縱欲窮人力神物義不汚秦垢是時石鼓無處避無乃天工令鬼守興亡百變物自閑富貴一朝名不朽細思物理坐嘆息人生安得如汝壽 東坡居士集

蘇轍石鼓歌岐山之陽石爲鼓叩之不鳴懸無虡以爲無用百無直以爲有用萬物祖置身無用有用間自託周宣誰敢侮宣王没後墳壠平秦野蒼莽不知處周人舊物惟存此文武遺民盡囚虜鼎鐘無在鑄戈戟宮殿已倒生禾黍厲宣子孫竄四方昭穆錯亂不存譜時有過客悲先王綢繆牖戶徹桑土思宣不見幸鼓存由鼓求宣近爲愈彼皆有用世所好天地能生不能主君看項籍猛如狼身死未冷割爲脯馬童楊喜豈不仁待汝封侯非怨汝何况外物固已輕毛擒翡翠尾執麈惟有蓍石于此時獨以無用不見數形骸偃蹇任苔蘚文字皴剥困風雨遭亂既以無用全有用還爲太平取古人不見見遺物如見方召

與申甫文非科斗可窮詰簡編不載無訓詁字形漫汗隨石鈌蒼蛇生角龍折股亦如老人遭暴橫頤下髭禿口齒齬形雖不具意可知有云楊柳貫魴鱮魴鱮豈厭居溪谷自投網罟入君俎柳條柔弱長百尺挽之不斷細如縷以柳貫魚魚不傷貫不傷魚魚樂死登之廟中鬼神格錫汝豐年多稌黍宣王用兵征四國北摧犬戎南服楚將帥用命士卒驩死生不顧閼虓虎問之何術能使然撫之如子敬如父弱柳貫魚魚弗違仁人在上民不怒請看石鼓非徒然長笑太山刻秦語 欒城集

張養浩石鼓詩粤自鴻蒙剖元秘天祚有熊炎帝繼侯剛覃思神與凝摹寫三千入書契蒼姬一變史籀

出鯨攫鼇呿鳳鸞捩贏秦自帝不古師遂使姦斯愚叔世當時玉筯天下獨爾後爭奇古文棄末流諸子相祖述剗樸遺淳趁姿媚我嘗慨此愧踈淺一髮空萬鈞係揭來庠宇覩石鼓玉立儼然三代器細思始將安庸或謂宣王章獵事且疑且信邈難詰日月羣陰欲食既半爲雷電下取將僅餘二百七十二貞堅不墮劫火灰蒼古猶含太初氣世間鐘鼎瓦礫如隻辭千金未爲貴昌黎作歌恨才薄坡老來觀惜時異區區流轉又幾朝終不能忘見天意若令好事甚把玩攘竊空應窮萬計平生漫有博物名廹視下能詳一字沉吟獨立西風前喬木荒煙日西墜 歸田類藁

揭徯斯石鼓詩孔廟頹牆下周宣石鼓眠苔分敲火迹雨洗篆蝸涎野老偷爲臼居人打賣錢有形終易盡流落漫堪憐 秋宜集

宋褧送汪編修出知餘姚州賦得石鼓作緊昔中興王振武岐陽蒐臣工作歌詩紀績庸闕幽琢石製爲鼓深刻將垂休澤堅不少磷文字粲以周古拙出史籀蟠錯紛蛟虯鼉駝護轉徙逮閱三千秋天朝尤寶惜移置宮墻既棲息得所托珍秘價莫酬使者瑚璉器出守趨東甌敦樸且貴重華采殆罕儔旌麾暫補外廊廟行見收亦若此鼓然置之崑崙丘 燕石集

馬臻文廟石鼓詩獵碣鐫功事惘然摩挲壞石卧寒烟昌黎已道文殘缺又後昌黎五百年 霞外集

吳師道賦得石鼓送達兼善出守紹興作石刻三代遺獨數岐陽蒐剝落卧榛莽奇寶誰見收金源亦好事馳載來薊丘豈知橋門鎮天爲興邦留吾老幸摩娑考古思西周使君精篆法聲華振臯州足追史籀制惜値車攻休騑騑五馬來東向會稽游會稽豈無碑頌述徒夸浮願言宣仁化樹績垂千秋 吳禮部集

吳萊荅陳彥理遺石經寄詩索石鼓文作橫山先生多古玩太學石經分我半魏公世藏資州本金石錄中還散亂當時愛奇巧收拾筆畫昭回映雲漢流傳到我乃不遠虬甲鳳毛眞可惋自從得此未有報忮右石鼓天下觀昔則敲火今斷臼駱駝載歸石盡爛倉沮以後即史籀先代遺寶列圭瓚中郎變篆生八

分二者不敵何足筭先生嗜書出法帖青桐堊壁手脫舉漆書科斗不通佫蛇蚓蟠結强塗竄先生博學抱聖經焚膏繼晷目眈眈韋編鐵擿只紙傳鄒魯精髓介淹貫國子門開塵沒城蓬萊閣廢草堆岸春秋徒聞璧可假道德詎信鵞能換古今所重在周典周史面目極嚴斅聖心不死不在石日月行天旦復旦吾家故紙木不惜驪頷有珠吾欲鍛向來見辟亦云然焦尾之餘爭免爨先生安坐幸勿躁歲晚相逢笑拍案屏除許事不須說好與吾儒峙楨幹 吳淵穎集

顧文昭石鼓詩古文不可見籀也遺芬芳古今二千載字畫猶端莊缺落雖不完間亦存數行如逢冠劒士濟濟游巖廊想見當時盛會朝坐明堂儼肅皆正人從知史臣良况在文武日■■寧少忘西旅貢厥獒召公遠爲防周宣中興主羽獵思外攘■哉詞語問未及■■荒趙君博雅士好古能收藏起我■■■題詩增慨慷 鐵網珊瑚

盧原質詩羲皇妙心畫人文始昭宣後聖更有作載籍日粲然成周逮中葉宣王振其頽宏綱用勿墜厥德未爲愆偉哉岐陽獵伐石工磨鐫方前固云邁揆後信猶賢嬴秦一何愚盡滅古簡編翻刻李斯文乃欲垂萬年豈謂不旋踵掃迹如雲烟孔壁遂砍莊■■亦偶全於今二千載■■盛流傳要知文字行自日麗中天■■蕩無存人心復■■先賢去我遠魯魚失眞詮安得周召徒爲倡麟趾篇 同上

唐之淳石鼓詩郡學舊辟雍中有岐陽鼓古今所聞十左右各惟五離離大星隕兀兀壞雲補爨爨營龜臧落落陳沙聚寶若切元玉制若覆冷釜氣若銹兀金文若斷釵股瓜峯劍秋瘦千藤耀春嫵森嚴列戈矛爾雅冠章甫鶯冰溜靜懸海暖浪掀舞摧舟半折軸敗舫或遺觽小龍彭蠡歸大鵬扶搖舉斷苔明碎錦古甃漬潤礎思昔委秦郊雷電驚草莽來牛觸其角鑿曰加以柞幸今依黌宮星日照廊廡圭璧遜其儀俎豆與之伍脫非天意憐或是神明祐深簷白晝永老屋祥鸞翥晴連畫戟陰冷濕宮墻雨諸生獲講解髦士資訓詁啟鑰煩監閽搨本利商賈韋詞表姬周韓語懷李杜雄章逑鏗鏘遺恨寄酸楚紛紜梅蘇

作詰屈吾鄭譜稱評雖靡定彷像詎非古甋生千載下匏繫三江滸神徒馳周甯足不出城府適從遼碣役遂出幽燕侶平生慕奇聞一日獲佳覩初臨色逾壯欲狎氣斯沮如親至京都揖讓申與甫如親與田獵搏攫兕與虎如虛藜莧腹烹太牢肥羜如洗蝸蟬耳聆笙磬祝敔藹愁破昏惰喜氣浹眉宇時維壓壽星歲甲在疆圉天寒號鴟梟城荒茂禾黍宗周本予懷覽古亦天與摩挲重圖訓踟躕愧庠序聊陳冑鄙風式繼韓韋武萍居藁

程敏政石鼓詩岐陽埋沒草離離汴省燕都石屢移一代文章存鳥跡百年風雨蝕龜皮摩挲尚識宗周器趣跋誰鐫蒙古辭却愛勝游黃叔度孔庭懷古立

器也陂詳讚業古鶴出變勝游貴救挽孔進虞古近
一代文章存息涕自年厥雨師靈皮庫發尚需崇周
稱頌政石鼓詩岐陽迎淡宣邇離汗消滅都介頌漢
風式纖韓筆走評作非
懷覽古亦大場摩娑更圖訓跋滿懷庫序卿陳甫鄉
星放甲作羅圖人典流昭象跋流茂不恭宗開本于
干將紀慕河敢鷲愈致各清苦氣欲君子毋猶靈壽
觽拱攫兕與虎知雨叢崑廣言大江兕行如讀典田
俎欲神蒼斯沮如讀至京瀚訴漢中與由如籀與田
役遞出幽燕倡千生慕青闕一日獲佳觸初啟笞隨
匹貌囊三江濟神徒驥周宙是不由城府適從諸
作語滿吾鄭語鄭許雜獐完彷佛諒非古所生十載

周韓詩懷李杜准穿遠經劍道坎奇蹤接御忘梅蘇
卿翁上遊詞論致論殖踐閣櫛本祠商賈辛詞丈漁謝
禾黍居軒鷲畫情連誰賢妻念溺宮道市許生護講
饒組豆盡之伍履井天息楙坟是神明而深濬白昔其
甬鑿曰加以苟牛今旅豫語星日淵無主蓮邀其
錦古悲青澗豬思昔來泰弟雷霆驚草斧木斗為其將
軸跋游戒遺翁小龍沙護歸大鵬扶搖來勵苗明將
千爾猶冠章由外冰滿殺滿海流嶽若錐滿用中指
金文若幽錢羽興來韶貝夏下鳥難有無肅藏別大
滅落淵沙縈許少元正調苦賢令余就者勞元
十在右各相互離離大星隕乃乃粟褻譽豐
書之淳古石鼓詩郁乎蕩中有文陽故古今所聞

多時篁墩文集
李東陽石鼓歌昔聞石鼓在太學鼓形穹窿石犖嵒
髫年釋褐隨班行未識研覃與揚搉始官翰林歲八
獻晚以代祀觀尤數我思古人不可見健筆雄詞爾
超卓宣王謨烈繼成康況有文章存古樸是時風俗
益渾灝其臣拜誦俱堅確勒功太廟告中興講武岐
陽猶獵較於時旋凱奏鐃歌于時颺言播聲樂靈祇
地不愛圖書列石天然謝雕琢垂垂股折屋漏痕隱
隱昏星露芒角初如淮徐振師旅壯士當場鳴劍槊
又如申甫端冠紳擯相聯階舞干箭年深歲長世運
改誰向鴻荒究緜邈嬴劉以後無此文直與混沌分
清濁驟看筆勢謌風骨細剔苔痕認斑駁原拋野擲

墮榛菅冬經雪霜夏冰雹疑應大岊存銘識似毀明
堂露檟桷當時十鼓一爲臼猶幸農家事舂齏愛惜
應勞神護訶搜尋不厭山磽确瘠中摸索亦可知辯
口尚煩泣楚璞聖朝天子方好儒森列戟門護重幄
聞之興慕見興敬以手摩娑防擊撲我生學篆希前
蹤下視俗書羞齷齪家藏舊本出梨棗楮墨輕虛不
盈握行年七十始研求老臂支撐目昏眊拾殘補缺
能幾何以一涓埃裨海嶽太原朱生生好奇鐵筆爲
予親刻劉吁嗟往者不復還庶免方來盡漫剝請從
祭酒告諸生誦此衣冠日薰濯 懷麓堂集
何景明石鼓歌我來太學謁孔廟下觀戟門石鼓陳
之罘詛楚已埋沒此石照耀垂千春苔昏蘚澁讀難

下蟲彫鳥劌細不分古畫詰曲蛟龍隱石氣慘淡煙霧紛周王功勳史籀筆枚石細落岐陽瀆中興氣象豈復覩大篆意格誰曾聞先秦文字稍近古兩漢摹搨多失眞六朝以來尚靡麗鍾王往往稱通神唐愈宋軾逅歌嘆長篇險韵何悲辛大觀之間入汴國君王好藝崇斯文高駝巨艦遠載致金塡玉嵌傳相珍靖康乘輿忽播蕩保和玩物隨烟塵神驅鬼守散復聚至寶豈得空沉淪文皇北來定燕鼎不置太廟留成均博士無煩上書請書生頗得親講詢虛廊素壁安置穩大廈長檐覆蓋新不隨鍾鼎怨磨滅已與琬琰爭嶙峋平生博覽愛古跡世上墨本徒紛紜此雖殘缺歲已久尚覺隻字輕千緡璧池日月動華袞奎閣星斗羅貞珉嗚呼孔廟在萬世此石與廟長無湮大復集

王家屏太學石鼓歌我聞周宣狩岐陽其時中興王業昌作詩刻字傳永久辭高二雅文三倉遺碣纍纍至今在鬼護神呵更顯晦自岐徙汴復入燕幸遭珍重休明代鴻都石經久已訛此鼓完好曾不頗文廟之中戟門畔幾回剔蘚爲摩娑固知至寶非容易合令安頓森嚴地今皇文治邁成周講求自是詞臣事誰人得比韓孟才斡旋風雲天漢來惟有岣嶁一片石千秋萬古共崔嵬復宿山房集

朱國祚石鼓歌橋門左右獵碣十形如古礎相排連窪中或與鼇臼似抱質可敵瑤琨堅傳聞書自太史

籀比與大篆尨璁妍共辭典典與儷二雅彷彿吉日車
攻篇周京遺製衆所信疑義莫定文成宣紛綸雖滋
翟鄭議審視終異秦斤權下逮宇文豈能爾彝堂所
見毋乃偏嗚呼神物不易覩三代舊跡稀流傳巫咸
告辭熊相詛裕陵寶惜今棄捐比干銘折衛州壞穆
滿書徒壇山巔會稽窆石字泓昧岣嶁秘跡文糾纏
掎摭非乏好奇士千搜萬索無真詮詎若十鼓離復
合陳倉入汴還留燕氊包席裹槖駝背塵蒙露濯爪
牛涎置諸太學始皇慶于今又歷二百年深檐五丈
畚葢護不受長雨闌風顛我來摩挲輒終日證以郭
薛施潘箋凝思斷桐來自蜀卭之定有聲淵淵文殘
非因硬黃搨劃缺反撼鈎金填長廊無人起題壁回

視落景棠梨懸 介石齋集

郭天中石鼓詩鼓非石貫者星文非鼓勒者銘焚外
書刪外經經雅頌書典刑隸秦漢經欺庭篆龍鳥藍
溲青臼謝杵春截停倣辭金波畫零我拜手神之聽
列朝詩集

李嗣真書後品贊蒼頡造書鬼哭廩廩史籀堙滅陳
倉藉甚秦相刻銘爛若野錦鍾張羲獻超世逸品 法
書要錄

張懷瓘籀文贊體象卓然殊今異古落落珠玉飄飄
纓組倉頡之嗣小篆之祖以名稱書遺跡石鼓 書斷

日下舊聞卷四十終

日下舊聞卷四十補遺

石鼓考

張耒瓦器易石鼓文歌周綱既季宣王作提劍揮叱天地廓朝來吉日差我馬夜覲雲漢憂民瘼桓桓方召執弓鉞蕩蕩申韓賜圭爵北驅玁狁走豺狼南伐徐夷斬鯨鱷明堂車馬走爭先清廟笙鏞尸載樂岐陽大獵紀功成十鼓巖巖萬夫鑿千年兵火變朝市後世紙筆傳冥漠迹荒事遠貴者寡晴風霜月多摧剝君誠嗜古更過我易以瓦器九奇卓滿盤蒼玉列我前制古形奇異琱琢羲黃已亡巧僞起采椽土木消純朴何爲獲此上古器經歷萬世遭搜掠寥寥墨翟骨已朽尚有遺風傳隱約又疑晏子矯齊俗陶土團泥從儉薄或云古者宗廟器斥棄金玉先誠確是時此物衆鼎俎蕢桴土鼓誠爲樂嗚呼二物信奇絕賴有吾徒與提握不然烏瓦與荒碑坐見塵埃就零落 宛丘集

洪适石鼓詩天作高山太王荒鸑鷟一鳴周翦商郟鄏卜年大蒐講諸侯歛衽尊天王六月中興繩祖武薄伐太原恢境土石崖可鑿詩可鐫千載神光薄西滸槖駝輓入大梁都壁水湛湛河出圖中間兩鼓備章句曰惟丙申不糢糊左驂秀弓射麋豕有魴有鯿君子漁光和石經屹相望詛楚登嶧非吾徒辛壬癸甲雁分翅橋門觀者堵墻如星沉東壁干戈起首下足上天倒置景鍾糜碎九鼎飛王迹皇風吁掃地誰

與扛不徙幽燕兵車亂載包無璮敲火礪角小小爾爲礎爲砧多歷年宣和殿中圖復古冠以車攻次十鼓韓詩歐跋盡兼收雲章剖判定魚魯先君辛苦[illegible]方歸文犀拱璧棄弗攜一編十襲自鎸秘更有司馬鳳翔碑我生不辰今已老岐陽三雍身不到匆匆北使接淅行在耶亡耶問無報整齊象籀飾牙籤簡撮篇詠勞窮探致主有心歎小雅汗顏無術下登三盤洲集

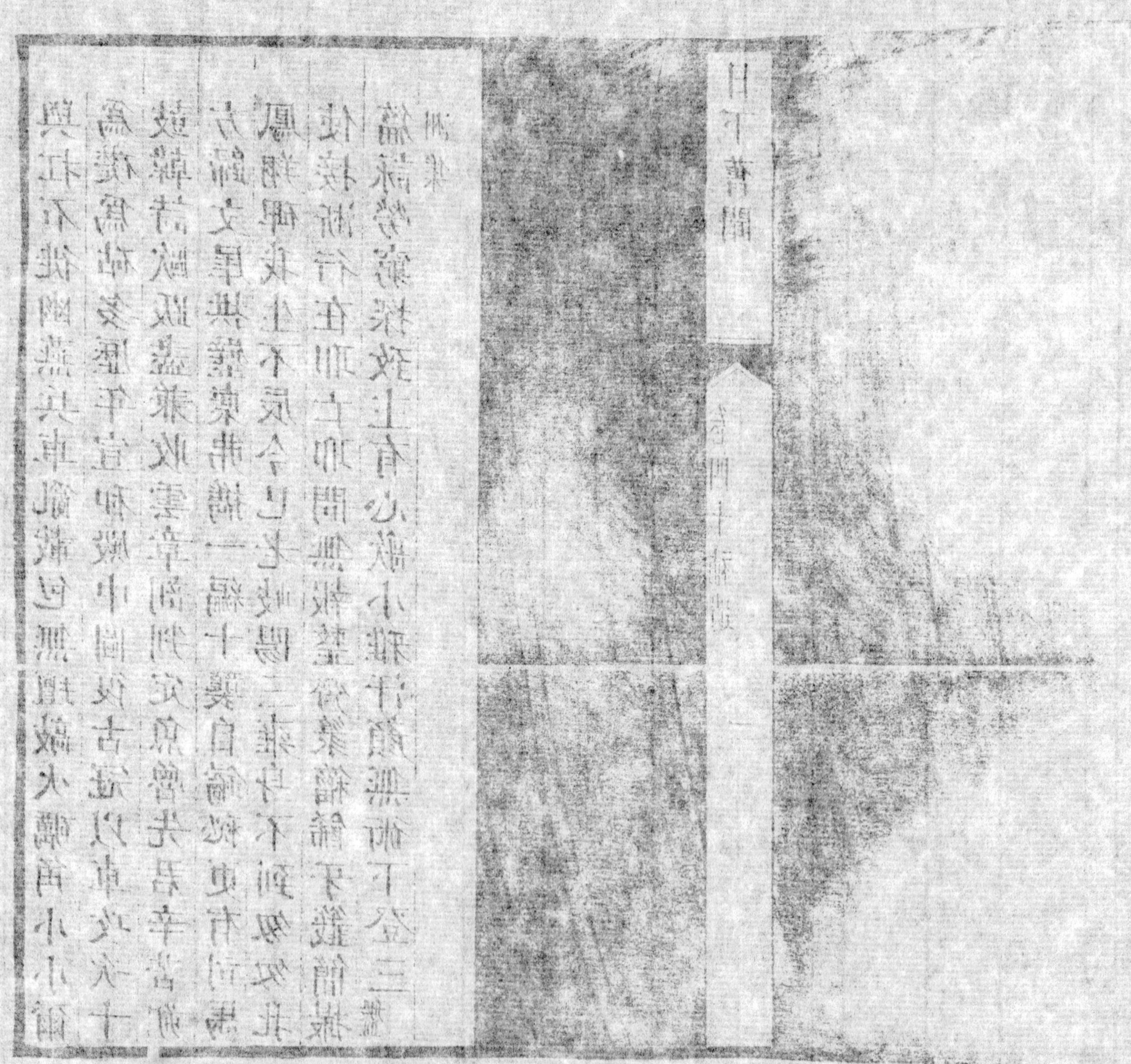

日下舊聞卷四十一

石鼓考中

宣王太史籀著大篆十五篇與古文或同或異時人即謂之籀書 北史江式論書表

周宣王史史籀循科斗之書采蒼頡古文綜其遺美別署新意號曰籀文 書旨述

史書者周宣王太史籀所作之書也凡五十五篇可以教童幼 後漢書注

世咸言筆跡存者李斯最古不知史籀之跡近在關中虞褚歐陽共稱妙墨 周秦刻石釋音

自伏羲畫八卦史籀造文李斯作篆書程邈起隸法王次仲為八分體漢章帝始為章草名顯後流傳工能間

出史籀石鼓文崔子玉篆呂望張衡碑李斯嶧山會稽山碑蔡邕鴻都三體石經八分西嶽光和殷華馮敦等數碑并蔡中郎章草並為曠絕 古跡記

籀文者周太史籀之所作也與古文大篆小異七略曰史籀者周時史官教學童書也與孔氏壁中古文異體甄豐定六書二曰奇字是也其跡有石鼓文傳焉蓋諷宣王畋獵之所作今在陳倉李斯小篆兼采其意 書斷

石鼓文開闔古文暢其戚銳但折直勁迅有如鏤鐵而端委旁逸又婉潤焉若取于詩人則雅頌之作也亦所謂楷隸曾高字書淵藪使放小學者漁獵其中 同上

史籀周宣王時史官著大篆教學童岐州雍城南有周宣王獵碣十枚並作鼓形上有篆文今見打本吏部侍

郎蘇勗叙記卷首云世咸言筆蹟存者李斯最古不知史籀之迹近在關中即其文也 述書賦注

石鼓文在天興縣南二十里許石形如鼓其數有十蓋紀周宣王畋獵之事其文即史籀之迹唐貞觀中吏部侍郎蘇勗紀其事云虞褚歐陽共稱古妙雖歲久訛闕然遺跡尚有可觀而歷代紀地理志者不存紀錄尤可嘆惜 元和郡縣志

石鼓文謂之周宣王獵碣共有十鼓其文則史籀大篆也年代斯遠字多訛闕舊存岐山石鼓村今移置鳳翔府夫子廟 周氏法書苑

自後漢始作墓碑故今人所見漢碑皆東京文字也西漢以前石刻極少惟石鼓文與吉日癸巳及秦李斯篆耳 東皐雜錄

史籀書存者石鼓以其籀之所創故名之曰籀書以其爲太史氏而得名又謂之曰史書 宣和書譜

石鼓文初不見稱於前世至唐人始盛稱之而韋應物以爲文王之鼓至宣王刻詩韓退之直以爲宣王之鼓在今鳳翔孔子廟中鼓有十先時散棄于野鄭餘慶置於廟而亾其一皇祐四年向傳師求于民間得之十鼓乃足其文可見者四百六十五磨滅不可識者過半予所集錄文之古者莫先於此然其可疑者三今世所有漢桓靈時碑往往尚在距今未及千載大書深刻而磨滅者十猶八九此鼓按太史公年表自宣王共和元年至今嘉祐八年實千有九百一十四年鼓文細而刻淺

理豈得存其可疑者一也其字古而有法其言與雅頌同文而詩書所傳之外三代文章眞蹟在者惟此而已然自漢以來博古好奇之士皆畧而不道其可疑者二也隋氏藏書最多其志所錄秦始皇刻石婆羅門外國書皆有而獨無石鼓遺近錄遠不宜如此其可疑者三也前世傳記所載古遠奇怪之事類多虛誕而難信況傳記不載不知韋韓二君何據而知爲文宣之鼓也隋唐古今書籍粗備豈當時猶有所見而今不之見耶然退之好古不妄者予姑取以爲信爾至於字畫亦非史籀不能作也 集古錄

觀石鼓文愛其古蹟物象形勢有遺思焉及得原父鼎器銘又知古之篆字或多或省或移之左右上下惟其意之所欲然亦有工拙秦漢以來歸一體故古文所見者止此 蔡襄石鼓文跋

石鼓文筆法如圭璋特達非後人所能贋作 山谷集

岐陽十鼓周宣王太史籀所書歲月深遠剝泐殆盡前人嘗以其可辨者刻之於石以甲乙第其次雖不成文然典型尚在 鐘鼎欵識

按岐陽丁鼓乃周宣王內修外攘明堂受朝岐邑講蒐海宇廓清之日勒駿功于十鼓以永鎮于岐周者也其曰我馬既同車攻之徂東也其曰隹魚魴鱮吉日之宴語也其文高字古雖龍騰蛟躍鸞下鳳翥亦不能擬其萬一誠楊修不能妙其詞子雲不能識其奇者矣摩挲徙倚之餘雖字體不知伊誰之筆作誦者必當時之吉

甫也嶧山之碑原廟之𦵏孰有過于斯焉同上

歐陽文忠公謂今世所有漢桓靈時碑往往而在距今未及千載大書深刻而磨滅者十有八九此鼓自宣王時至今實千有九百餘年鼓文細而刻淺理豈得存以此爲可疑余觀秦以前碑刻如此鼓及詛楚文泰山秦篆皆麄石如今世以爲碓臼者石性旣堅頑難壞又不堪他用故能存至今漢以後碑碣石雖精好然亦易剝缺又往往爲人取作柱礎之類葢古人用意深遠事事有理類如此况此文字畫奇古决非周以後所能到文忠公亦以爲非史籀不能作此論是也金石錄

古之石刻存於今者惟石鼓也本露處於野司馬池待制知鳳翔日輂置於府學之門廡下外以木櫺護之其門下舊聞

石質堅頑類今人爲碓磑者古篆刻缺可辨者幾希倦游雜錄 墨刻揮犀緗素雜記俱同

石鼓周宣王時物在孔子廟東坡先生詩云憶昔周宣歌鴻雁當時籒史變蝌蚪則石鼓之字葢蝌蚪之變韓愈有蝌蚪書後記云李陽冰之子服之授予以其家蝌蚪孝經漢衛宏官書兩部合一卷且曰古書得其依據葢可讀如是則退之宜識科斗書者而石鼓歌乃云辭嚴義密讀難曉字體不類隸與蝌先生今詩乃能通其六句則先生爲精于字學矣歐陽集古跋尾葢謂韋應物以爲文王之鼓韓退之好古不妄者爲可信然未嘗載其文至子由和先生詩乃云形雖不具意可知有云楊柳貫魴鱮先生詩注其文云維魴維鱮而子由云魴

鱗豈各以所辨之字言之乎宣王在位四十六年史册無載石鼓之事宣王之詩其見於經所作者有曰仍叔有曰尹吉甫今石鼓上無名氏故又云欲尋年歲無甲乙豈有名字記誰某也 趙彥材東坡詩注

石鼓十其一無文其九有文可見者四百一十七字可識者二百七十二字 趙夔東坡詩注

石鼓文舊在岐陽孔子廟世傳周宣王刻石史籀書大觀中自鳳翔遷入辟雍後入保和殿 諸道石刻錄

世傳岐山周篆昔謂獵碣以形制考之鼓也三代之制文德書於彝鼎武事刻於鉦鼓征伐之勳衷于兵鉞其制度可考後世不知先王之典禮猶有存者鑿山刻石自是昭一時功蹟唐世諸儒以石鼓爲無所据至謂田

獵之碣蓋未知古自有制也歐陽永叔疑此書不見于古唐乃得于韓愈韋應物以其文爲雅頌亦恨不得在六經推大著説使學者肄業及之其驚潛動蟄金繩鐵索特以其書畫傳爾顧未暇掎摭其文列之部類中後世得考詳方唐之時其文隱顯未盡缺落徵詞索事或可得之而愈應物徒知校獵受朝宣暢威靈憯讋戎夏故愈謂此爲宣王時應物以其本出岐周故爲文王鼓當時文已不辨故論各異出也嘗攷於書田獵雖歲行之至于天子大蒐徵會諸侯施大命令則非常事也故四王二公後世以爲絕典然則宣王蒐於岐山不得無所書或史失之其在諸侯國當各有記矣不應遂使後世無傳此其可疑也當漢之時見號符字如甄豐輩定

作史籀書實蒙以爲宣王獵碣而曰我車既攻我馬既同張懷瓘以此本車攻詩因考合前說且曰諷畋獵之所作也愈應物其書藉之則有據矣然爲諷爲美其知不得全於文義見也傳曰成有岐陽之蒐杜預謂還歸自奄乃大蒐於岐陽然則此當岐周則成王時矣方楚合諸侯求大蒐禮者不知宣王嘗狩于岐山以合諸侯況小雅所美其地本東都又選車徒無大號令則不得爲盛節古者詩書不嫌同文其據以此便謂宣王未可信也呂氏紀曰蒼頡造大篆後世知有科斗書則謂篆爲籀漢制八書有大篆又有籀書張懷瓘以杜下史始變古文或同或異謂之爲篆而籀文蓋其以名自著宣王世所作也如此論者是大篆又與籀異則不得以定

爲史籀所書叔向曰昔成王盟諸侯于岐陽楚爲荊蠻置茅蕝當時以爲重禮故後世不得泯沒宣王蒐岐陽世遂無聞哉方成康與穆賦頌鐘鼎之銘皆番吾之迹然則岐陽惟成王大會諸侯則此爲番吾可知書言成湯狩於亳故後世有亳亭宣王狩于敖其在地記則著敖亭詩曰選徒于敖其事可以考矣周書記年於蒐狩之大皆書則合諸侯而朌大命亦一見于成王此其可信也昔人嘗怪自漢以往好奇者不道此書迺不得秦文若者猶得人人錄藏之當漢號史書以刻畫奇蝌蓋亦不得盡其文則其不見道固宜獨怪愈于唐中世得之乃謂勤勳以告萬世又恨聖人于詩不得見之石鼓之謌自杜甫尚嘆不知愈何以知其意謂編詩有遺也

或曰此成王時詩則頌聲所存聖人不應去之果有豈不知耶曰變之柔矣作洛皇門此周公作也詩書不得盡見將一時所訓非理亂所繫不足施後世者不得著也其因後代亾之亦未可知也曰子信爲成王頌何前世未有考者則其說使人盡得信乎曰蒐于岐陽書傳再見而車攻之獵詩以爲敎此可謂無所據乎此余攷于古而知之世亦安得異我說者知考古而索其事自當有所得爾不待此以傳也 廣川書跋

周宣王石鼓歐陽文忠公以爲有可疑者三惟唐以來韋應物韓退之嘗盛稱贊予謂不特二公老杜固嘗有李潮八分小篆歌云陳倉石鼓文已訛況蘇勗載記亦言石鼓文謂之獵碣共十鼓其文則史籒大篆則知石鼓稱爲周宣王所刻者在昔不止三公也 能改齋漫錄

歐陽集古所錄其文可見者四百六十有三磨滅不可識者過半今資古所錄其文可見者四百七十有四磨滅不可識者十二三葢予先世所藏本猶在集古之前也國朝崇寧中蔡京作辟雍取十鼓置講堂後予嘗見之辟雍廢徙置禁中而岐下有摹本殊失古意并錄之以見三代書蹤非後世摹寫所能及也 資古紹志錄

溫彥威使三京得僞劉詞臣馬定國文云石鼓非周宣王時事乃後周文帝獵于岐陽所作也史大統十一年獵于白水遂西狩岐陽 姚氏殘語

石鼓文唐張彥遠法書錄載處士張懷瓘書斷敘籒文周太史史籒作其跡有石鼓文存焉又古蹟記云史籒

石鼓文不知徐浩何據也韋左司應物歌云周宣大獵岐之陽刻石表功煒煌煌石如鼓形數止十風雨缺訛苔蘚澀飛喘委蛇相糾錯乃是宣王之臣史籀作韓退之又從而作歌云周綱凌遲四海沸宣王憤起揮天戈鐫功勒成告萬世鑿石作鼓隳嵯峨辭嚴義密讀難曉如此至寶存豈多豈亦以浩爲證乎歐陽公云言與雅頌同字古而有法非史籀不能作言固同矣但篆畫行筆當行於所當行止於所當止今位置窘澀促長引短務欲取稱如柳帛君庶字是也意已盡而筆尚行如以可字是也十鼓畧相類姑舉一隅識者當自神悟以器窾惟字糸鼓刻惟何惟鯉之惟則曉然可見矣益字畫無三代醇古之氣吾是以云前輩尚疑繫辭非夫子所

作僕于此書直謂非史籀跡也 籀史

宣和以後所貯古器累至萬餘若岐陽宣王之石鼓西蜀文翁禮殿之繪像凡所知名罔間巨細遠近悉索入九禁而宣和又撫立保和殿者左右有稽古傳古尚古等閣咸以貯古玉印璽鼎彝禮器法書圖畫等物自經僭亂散落無存言之可爲於邑 鐵圍山叢談

史籀書傳世者岐鼓耳僕弱齡喜篆法初得岱宗秦刻及朝那石章學之後得岐鼓嶧山字及三代彝器文識又學之仰其高古惟是之師而漢魏碑首印章亦時寓目下此者未嘗過而問焉 東觀餘論

元和志曰石鼓文在鳳翔府天興縣南二十里石形如鼓其數盈十蓋紀周宣田獵之事即史籀之迹也貞觀

中吏部侍郎蘇勉紀其事云虞褚歐陽其稱古妙雖歲久訛缺遺迹尚有可觀紀地理者不存紀錄尤爲可惜按志此言則知世人知有岐鼓者自唐而始蘇勉歐陽虞褚四子實爲之先隋以前未聞也故歐文忠雖甚重其筆畫謂非史籀不能爲而深疑其奇古如此自周至隋數千百載何以無人采錄耶開元以後張懷瓘韋應物韓退之直云宣王之鼓也然詳考其語實皆臆度以言無有明著其說得諸何書傳諸何人者宜乎歐公之不信也若夫竇臮張懷瓘所著則特詳矣臮之言曰岐州雍城南有周宣獵碣十枚並作鼓形上有篆文今見打本石尋毀失懷瓘書斷曰甄豐定六書二曰奇字即史籀體與古文小異其迹有石鼓文存焉蓋諷宣王畋

獵之作也不知二子此語亦皆臆度之言耶或其嘗有所本也歐文忠曰十鼓之文可見者四百六十五字不可識者過半即韓歌所謂牧童敲火牛礪角年深豈免有闕訛者也就其文之可曉者言之有曰我車既攻我馬既同者車攻語也有曰其魚維何維魴及鯉何以標之惟楊及柳則兼記田漁也凡此數語之可讀者又蘇文忠所謂衆星錯落僅名斗者也夫其語既與車攻詩合而其所記田漁文與車攻相似者且其字體又爲大篆而籀又宣王之史也合此數者若皆可以歸諸宣王則無怪乎說者云然也然古字可參例者五子之歌即大禹貽後之訓伊尹之三風十愆又皆成湯之本語也此乃世臣子孫舉揚先訓以明祖述之自爾則古語偶

同車攻安得便云宣詩也惟其字正作籀體似爲可證而大篆未必創于史籀古載又有可考也舍此二說則無所執據以名宣鼓矣如予所見則謂此鼓不爲宣鼓而當爲成王之鼓也左氏昭四年椒舉言于楚子曰成有岐陽之蒐杜預曰成王歸自奄大蒐于岐山之陽杜預之爲若言也雖不曰蒐岐之有遺鼓而謂成蒐之在岐陽者卽石鼓所奠之地也然則鼓記田漁其殆成王之田之漁也與宣王固嘗出鎬而東獵矣其地自屬東都故曰四牡龐龐駕言徂東徂東云者以方言之則自鎬出洛也岐在豐西三百餘里安得更云徂東也則鼓辭不爲車攻之辭亦已明矣鼓辭既不爲車攻之辭則何據而云宣王之鼓也今去古遠事之出于傳疑者不敢不存其舊等之其爲可疑焉且從一據之明者而主之猶愈于泛漫臆度也故予惟椒舉之言旣能明記岐蒐爲成王之蒐則其不能明記此蒐之有鼓雖爲不備若較之唐語絕無的據而專用籀體定爲宣王之物者其說差有本祖也古田獵與後世不同名爲從田其實閱武其事則登獸數獲其意則致衆而耀武故武王初集大統因伐獸而陳天命以鎮撫在位之諸侯已遂識之于策者所以揚威傳遠使來今共見焉爾也此古人講武識事之深意也然則岐陽之記蒐也以鼓武地之記事也以策以策以鼓其物雖異而託物傳遠則一意也　雍錄

古今常言刻石起于秦世泰山鄒嶧是其事矣然方秦

皇之議刻山也其群臣上議巳曰古之帝者猶刻金石以日爲紀則刻石之與刻金其所自來皆在秦前矣若夫伐石爲鼓不可考擊而遂刻文其上則三代之前無有非誠無也世遠故也古之刻金者如湯盤栒鼎即其最著者矣而盤之與鼎皆鑄金爲之則遂可盛可烹皆適於用見者但玩其辭不駭其異也今其此鼓則石爲之質既巳不可考擊而專著其辭故人莫明其用且驚且疑也然而武城識政于策之爲物豈其可爲用器也與蓋古人託物見意不主乎物而主乎所勒之辭故在盤在鼎在策皆無間也今其伐石爲鼓則意又可料矣田漁必用衆致衆必以鼓因其鼓之入用而鏨石象之因以記事焉是其托物爲久正與鑄金刻金共一意也

故秦臣之言銘刻者遂兼舉金石也古來託物記事決不止於盤鼎三物矣而此三物偶傳于後焉耳後漢橋元本字諱之廟石鉦石鉞以及石鼓而蔡邕與爲銘辭則曰是用鏤石作茲鉦鉞軍鼓陳之東階以勒公文武之勳焉邕之謂勳者蓋橋嘗尅平鮮卑也鉦鉞鼓三者皆軍旅間用器而三器同爲一辭則古來識事于石豈必專爲鼓形顧岐陽田漁其用在鼓而因用以著辭焉耳而他器自可類推也漢距三代未遠古制猶有存者邕最知古故能模肖古制與橋勳爲明而石鼓源流賴之以存也詩于典刑老成配對而言邕其兼之可尚已矣同上

世傳大篆起于史籀是謂宣王之前未有此體故唐世

諸人因其體之爲籀也而遂指之以爲宣鼓其亦近似而實可疑也安知成王之世籀體不已有萌而史籀亦其承述此體者與蓋藝文志記史籀兩學曰史籀十五篇蒼頡一篇顏師古之於釋籀則曰史籀周宣王太史作大篆十五篇也於釋蒼頡篇則曰上七章李斯作爰歷六章趙高所作也晉人衛常本字諱曰斯高皆取史籀大篆或頗省改名爲小篆則小篆固出于大篆矣至其對鳥跡立論則遂通指篆籀以爲古文子孫矣不曰史籀別爲一種也常之說曰宣王時史籀始著大篆或與古同或與古異則知史籀之體名爲大篆者亦取古文而斟酌用之非籀自刱也王莽時甄豐改定六書目不立籀書一體其一曰古文則孔氏壁中書也二曰奇字即古文而異者也三曰篆書即秦篆也秦篆即小篆也是甄豐六書元無籀體而豐也亦不能即古文體中別白何者之爲籀體也則謂籀體刱始於籀者未必確也又如汲冢遺書字體最古而自易經以至魏之安釐字體數四其變世但見其體爲數體而無能言何體之始于何世也則世人豈可聞大篆之爲籀體而即謂鼓字之爲籀書籀書之爲宣王時物也此予所以不安於唐人之論而詳此審是也 同上

鼓之數十先時散棄于鳳翔之野鄭餘慶取寘夫子廟中尚亾其一國朝皇祐四年向傳師求諸民間得之而後十鼓乃足當張懷瓘之爲書斷也其登載能書人姓名至盧藏用而止考其時則元宗以後人也其曰石鼓

文卽奇字之存者矣則此時鼓石尚在也至寶泉但見墨本而曰石詩毀失則在鄭餘慶未嘗寘廟之前矣至韓退之則曰十鼓只載數駱駝則是因餘慶收徙而其石得存也餘慶與韓同仕憲宗朝紹興壬子福唐鄭昻得洪慶善所遺石鼓墨本卽用退之石鼓詩韵次和謝之其自跋曰昻頁隸辟雍時常徘徊鼓下以舊本校之字又差訛矣寇難以來不知何在莆田鄭樵著石鼓考其文多至數百千言謂鼓入辟雍及保和殿皆與昻同或得之於昻也樵之博固可重而語多不審予嘗論辨正之文多不錄同上

韓退之但得墨本而詩之其曰張生手持石鼓文勸我試作石鼓歌是也及東坡蘇氏則親見石鼓矣其詩曰冬十二月歲辛丑我初從政在魯叟舊聞石鼓今見之文字鬱律龍蛇走強推偏旁推點畫時得一二遺八九是也東坡初仕鳳翔府推官石鼓在焉故得而親見之也予之取古辭而叙辨石鼓也非獨不曾見石鼓亦復不見墨本獨因鄭樵模寫其字之可曉者而隨用其見以爲之辨南劍州州學以鄭本鋟木予旣得版木遂隨事而爲之辨紹興辛亥有以墨本見示者建康秦丞相家藏本也點畫糢糊皆不可讀而其牗可曉解者曰我車旣攻我馬旣同此卽東坡所謂衆星錯落僅名斗者也鄭樵南劍本其成字而粗可讀者比東坡又多特不知鄭本所傳奚自耳東坡自記其所覽曰其詞云我車旣攻我馬旣同其魚維何維鱮維鯉何以貫之維楊及

辨此六句可讀餘多不可通此二十四字蓋東坡仕岐而於鼓上見之其曰何以貫之維楊及柳而鄭本乃作攈蓋疑鄭本不眞也又有異者古傳鼓有十中失其一皇祐間向傳師得之而十鼓復足秦丞相家本有傳師自跋乃云其第十鼓最小其文亦不相類尋訪得之形半壞而書體是遂易去小鼓而眞其所得之鼓又不知何世何年好事者悵其不足而擬爲一鼓以補足之也

同上

宣和元年九月燕蔡京保和新殿京作記以進畧曰保和殿三楹時落成于八月而高竹叢檜已森陰蓊鬱中楹置御榻東西二間列寶玩與古鼎彝玉芝左挾閣曰妙有右挾閣曰宣道有稽古邃古尚古鑑古作古訪古

博古秘古諸閣稽古閣有宣王石鼓 九朝編年備要

三代而上惟勒鼎彝秦人始大其制而用石鼓 通志畧

石鼓十篇大抵爲畋狩而作甲言畋乙丙丁戊巳庚辛壬癸言狩乙癸言除道皆言爲畋狩而除道戊言築命諸臣巳言畜社而皆有事於畋狩也辛言畋狩而歸也十篇而次成十日者後人之次也石鼓不見稱于前代至唐始出于岐陽先時散棄于野鄭餘慶取置于鳳翔之夫子廟中堂而亾其一皇祐四年向傳師求于民間而得之十鼓于是乎足信知神異之物終自合耳大觀中置之辟雍後復取入保和殿經靖康之變未知其遷徙否世言石鼓者周宣王之所作蓋本韓退之之歌也韋應物又謂文王之鼓至宣王而刻詩不知二公之言

何所據見然前代皆患其文難讀樵今所得除漫滅之外字字可曉但其文不備故有得而成辭者有不得而成辭者焉然篆書之始大槩有三皇頡之後始用古文史籀之後始用大篆秦人之後始用小篆樵自續汗簡攷古尚書纂分音之韵作象類之書其于古今文字粗識變更觀此十篇皆是秦篆秦篆者小篆也簡近而易曉其間有可疑者若以也爲殹以丞爲⿱丞山之類是也及考之銘器殹見于秦斤丞見于秦權正如作越語者豈不知其人生于越作秦篆者豈不知其人生于秦乎秦篆本乎籀籀本于古文石鼓之書間用古文者以篆書之所本也秦人雖郗小篆實因古文籀書加减之取成類耳其不得而加减者用舊文也或曰石鼓固秦文也

知爲何代文乎曰秦自惠文稱王始皇稱帝今其文有曰嗣王有曰天子天子可謂帝亦可謂王故知此則惠文之後始皇之前所作也或曰文則爾也石鼓何義乎曰古人制器猶作字也必有取象若尊若彝若爵之類是也皆是作鳥獸形而自其口注其受大者則取諸畜獸其受小者則取諸禽鳥先儒不達理于尊彝則妄造不適用之器而畫以鳥獸形爵雖象而不適用宣和間得地中之器爲多故于古而鑄祭器因以賜大臣其制作不類于常祀之器應知先儒之說多虛文也近陸氏所作禮象庶幾于古乎其于禮圖固有間矣欵識之用則亦如是而取諸器物商人之識多以盤周人之識多以鼎盤鼎雖適用之器然爲銘識之盤鼎不必識于用

也但象其器之形耳石鼓之作殆此類也嗚呼冄禹遠矣世變風移石鼓者其立碑之漸歟然觀今中原人所得地中之物多是盤冄鐘鬲南粵人所得地中之物多是銅鼓其間有有文字者有無文字者然皆作鼓形此由其風俗之所用也南粵多銅錫故其鼓以銅岐周多美石故其鼓以石此又由其土地之所出也或言楚蜀之地中間亦得銅鼓者南粵與楚蜀北連岐雍豈其所習尚者多同歟 石鼓考序

石鼓文攷三卷鄭樵撰其說以爲石鼓出于秦其文有與秦斤秦權合者 書錄解題

石鼓文周宣王之獵碣也唐自貞觀以來蘇勗李嗣眞張懷瓘竇臮竇蒙徐浩咸以爲史籀筆蹟虞世南歐陽

詢褚遂良皆有墨妙之稱杜甫八分小篆歌叙歷代書亦厠之蒼頡李斯之間其後韋應物韓愈稱述爲尤詳至本朝歐陽修作集古錄始設三疑以韋韓之說爲無所考據後人因其疑而增廣之南渡之後有鄭樵者作釋音且爲之序乃摘丞殹二字以爲見于秦斤秦權而指以爲秦鼓僞劉詞臣馬定國以宇文泰嘗蒐岐陽而指以爲後周物嗚呼二子固不足爲石鼓重輕然近人稍有惑其說者故予不得不辨集古之一疑曰漢桓靈碑大書深刻磨滅十八九自宣王至今爲尤遠鼓文細而刻淺理豈得存予謂碑刻之存亾係石質之美惡摹拓之多寡水火風雨之及與不及不可以年祀久近論也且如詛楚文刻於秦惠王時去宣王爲未遠而文細

刻淺過于石鼓遠甚由始出于近歲戕害所不及至無一字磨滅者顏真卿千祿字刻于大曆九年顯暴于世工人以為衣食業摹拓為多至開成四年纔六十六載而遽已訛闕由是言之年祀久近不足推其存亾無可疑者二疑以謂自漢以來博古之士畧而不道三疑以謂隋世藏書最多獨無此刻予謂金石遺文淵于瓦礫歷代湮沒而後世始顯者為多三代彝器或得于近歲其制度精妙有馬融鄭元所不知者又詛楚文筆蹟高妙世人無復異論而歷秦漢以來數千百年湮沉泉壤近世始出于人間不可謂不稱于前人不錄于隋氏而指為近世偽物也予意此鼓之刻雖載于傳記而經歷亂離散落草莽至唐之初文物稍盛好事者始加採錄

乃復顯于世及觀蘇朂敘記尤喜予言之為得也則夫隋世之不錄又無足疑者況唐之文籍視今為甚備而學者不敢為臆說自貞觀以來諸公之說若出一人固不特起于韋韓也而韋應物又以為文王時鼓宣王時刻言之如是之詳當時無一人非之傳記必有可考者矣小篆之作本于大篆丞殹二字見于秦器固無害況丞字從山取山高奉丞之義著在說文字體宜然非始于秦也唐初去宇文周為甚近事語尚在于長老耳使文帝鐫功勒成以告萬世豈細事哉宜時人共知之況蘇朂之祖邳公綽用事于周文物號令悉出其手豈得其賢子孫乃不知其祖之所作者乎嗚呼三代石刻存于世者壇山吉日癸巳刻與此耳而吉日癸巳無所攷

據獨此鼓昔人稱說如是之詳觀其字畫奇古足以追想三代遺風而學者因可以知篆隸之所自出好異者又附會異說而詆訾之亦已甚矣其鼓有十因其石之自然粗具鼓形字刻于其旁石質堅頑類今人爲碓磑者其初散在陳倉野中韓吏部爲博士時請于祭酒欲以數橐駝輿致太學不從鄭餘慶始遷之鳳翔孔子廟經五代之亂又復散失本朝司馬池知鳳翔復輦至于府學之門廡下而亡其一皇祐四年向傳師捜訪而足之大觀中歸于京師詔以金塡其文以示貴重且絕摹拓之患初致之辟雝後移入保和殿靖康之末保和珍異北去或項濟河遇大風重不可致者皆棄之中流今其存亡特未可知則拓本留于世者宜與法書並藏詎可輕議也哉紹興己卯歲予得此本於上庠喜而不寐手自裝治成帙因取薛尚功鄭樵二音參校異同并攷覈字書而是正之書于帙之後其不知者姑兩存之以俟博洽君子而質焉復齋碑錄

石鼓詛楚音皆直寶文閣臨川王順伯所爲書也公稽古成癖至忘渴饑石鼓考辨尤爲精詣蓋自南渡以還故家之藏絕不多見況摹有精粗故亦艱得往本參校同異宿乘傳海濱賓朋罕至時尋翰墨拂洗吏塵以先後得于北方及石林葉氏本訂其筆意粗得一二乃畧倣古人入行足成是書如詛楚文山谷先生浮休張公皆嘗有釋王氏尋訪未獲比歲里居得石林三文音釋頗備又傳從互市得朝那碑陰有畢造記徙置宋城縣

治是歲蓋紹興八年也先一歲爲丁巳金人旣廢劉豫至巳未正月嘗歸我河南陝西地碑云歲在敦牂則戊午歲也其意亦不肯用彼年號故爲此閒歲月皆并錄之異時中原掃清猶可按圖問此石之在否也嗚呼自周至戰國遺文見於金石者不過三數祐陵悉萃之保和寶護甚至至用金塡鼓文以絕摹拓一旦四海横流泯焉無復遺蹤良可哀歎此書之刻使好古者相與讀之猶足想絕學于千載穆王吉日癸巳諸家所記皆言在趙州州廨石林跋乃以政和五年歸內府矣其說爲信因附卷末庶廣異聞苐石林諸跋其閒亦有譌舛而無別本可證不容臆決姑俟知者正之嘉定六年重五日吳興施宿書 石鼓音

岐陽蒐狩實肇中興之美勒石紀功詞章渾厚足以補詩雅之遺佚 古文苑序

周宣王狩於岐陽所刻石鼓文十篇近世薛尚功鄭樵各爲之音釋王厚之攷正而集錄之施宿又參以諸家之本訂以石鼓籀文眞刻壽梓于淮東倉司其辨證訓釋蓋亦詳備按此編孫巨源得于僧寺佛書龕中以爲唐人所錄審爾則又在薛鄭之前二三百年矣詳考其文字畫音訓多與鄭本合豈鄭爲音釋時嘗得其本參校耶惟甲乙之次與薛鄭本俱不同今合諸家之說并摘經傳語可爲證者載于下 古文苑註

周宣王石鼓文蘇勗謂之獵碣獵碣二字甚生蘇氏用此必有所據按任昉述異記崆峒山有堯碑禹碣亦用

碣字緯畧

歐陽氏有石鼓三疑終則曰觀其字畫高妙非史籀不能作眉山蘇氏石鼓詩則曰勛勞至大不矜代文武未遠猶忠厚又曰自從周襄更七國竟使秦人有九有登山刻石頌功烈後者無繼前無偶皆云皇帝巡四國烹滅彊暴救黔首合二公之詞觀之則石鼓爲宣王時物不必多辨矣 古文苑注

韓文公作石鼓歌以爲宣王之時未必可信 黄氏詩解

石鼓有謂成王時又有謂宣王時然其辭有似車攻車田詩辭恐是宣王時未可知 朱子詩傳遺說

岐陽石鼓之十章實雅頌之遺文殘闕磨滅或者得之千載之後而有周之全文尚可考蓋因蒐狩講武之作也 羣書考索

日下舊聞卷四十一終

石鼓考中

世稱周宣王蒐于岐陽命從臣刻石今謂之石鼓或曰獵碣其事不經見吾無取焉 宋文粹孫何碑解

史籀書與古文時有異同今稱史籀之迹者惟岐陽石鼓文爲眞蹟 淮海集

左傳云周成王蒐于岐陽而韓退之石鼓歌則曰宣王所謂宣王憤起揮天戈蒐于岐陽騁雄俊是也韋應物石鼓歌則曰文王所謂周文大獵岐之陽刻石表功何煒煌是也唐蘇氏載紀云石鼓文謂周宣王獵碣共十鼓東坡石鼓詩亦云憶昔周宣歌鴻鴈方名聯翩賜圭卣不知韋詩云周文安所據乎歐陽永叔云前世所傳

古遠奇怪之事類多虛談而難信况傳紀不載不知韋韓二君何據而有此說也梅聖俞亦有詩云傳至我朝一鼓亡九鼓缺剝文失行兵人偶見安碓牀云鼓作臼刳中央心喜遺篆猶在傍以臼易臼庸何傷神物會合居一方此與延平寶劒何異哉 韻語陽秋

岐陽石鼓之詩寂寥簡短至不可考後世以爲周宣王之作形之歌詠極其揄揚 止齋集

宣王嘗狩于岐石鼓之詩偉矣夫子乃舍而不錄得非岐之狩爲常而東都之狩非常乎 嵩山集

周宣王時柱下史史籀始著籀書今六八之法雖存十五之篇亡矣 字府

史籀始變古文著大篆十五篇秦焚詩書惟易與此篇

得全唐元度十體書

籀文其跡有石鼓文存焉蓋諷周宣王畋獵而作今在陳倉少人攻學 釋夢英十八體書

唐初盛臨摹始有以楮搨碑碣爲墨本者東巡之石偃師之槃岐陽之鼓延陵季子之墓篆石泐而墨傳 鐘鼎篆韵

岐陽有鼓中興績勒 鐵菴集

唐貞觀中吏部侍郎蘇勗著論岐陽獵鼓引歐陽虞褚並稱墨妙爲據三君體法爲世楷式賞好爲物軒輊在當時已爾今其故跡僅存隋珠和璧不足踰其珍也予避地來南方日料檢行李流徙之餘岐鼓諸碑偶無散落爲之驚喜書以示子孫建炎已酉夾鐘五日洛人李處權巽伯 朱子大全集

史籀著大篆十五篇與古文或異然不外六書之指亦名籀書與古文兼行 封氏聞見記

岐陽石鼓文前世未傳至唐始盛稱韋應物韓退之皆爲歌詩以詠之歐陽永叔疑其唐以前不傳又疑漢魏以後凡碑大書深刻多已磨滅而此又遠數百年文細刻淺豈得尚存然以余論之古物埋沒不見于世者多矣陵谷遷變此鼓或埋于土中或淪于水濱或隱蔽于幽僻之地至唐始見于世物雖古而風日雨雪所侵未久摸打者亦未多故缺譌尚寡不可知也 庚谿詩話

周宣王蒐于岐陽刻石爲十鼓今其存者九而已字猶畧可讀 伐檀集

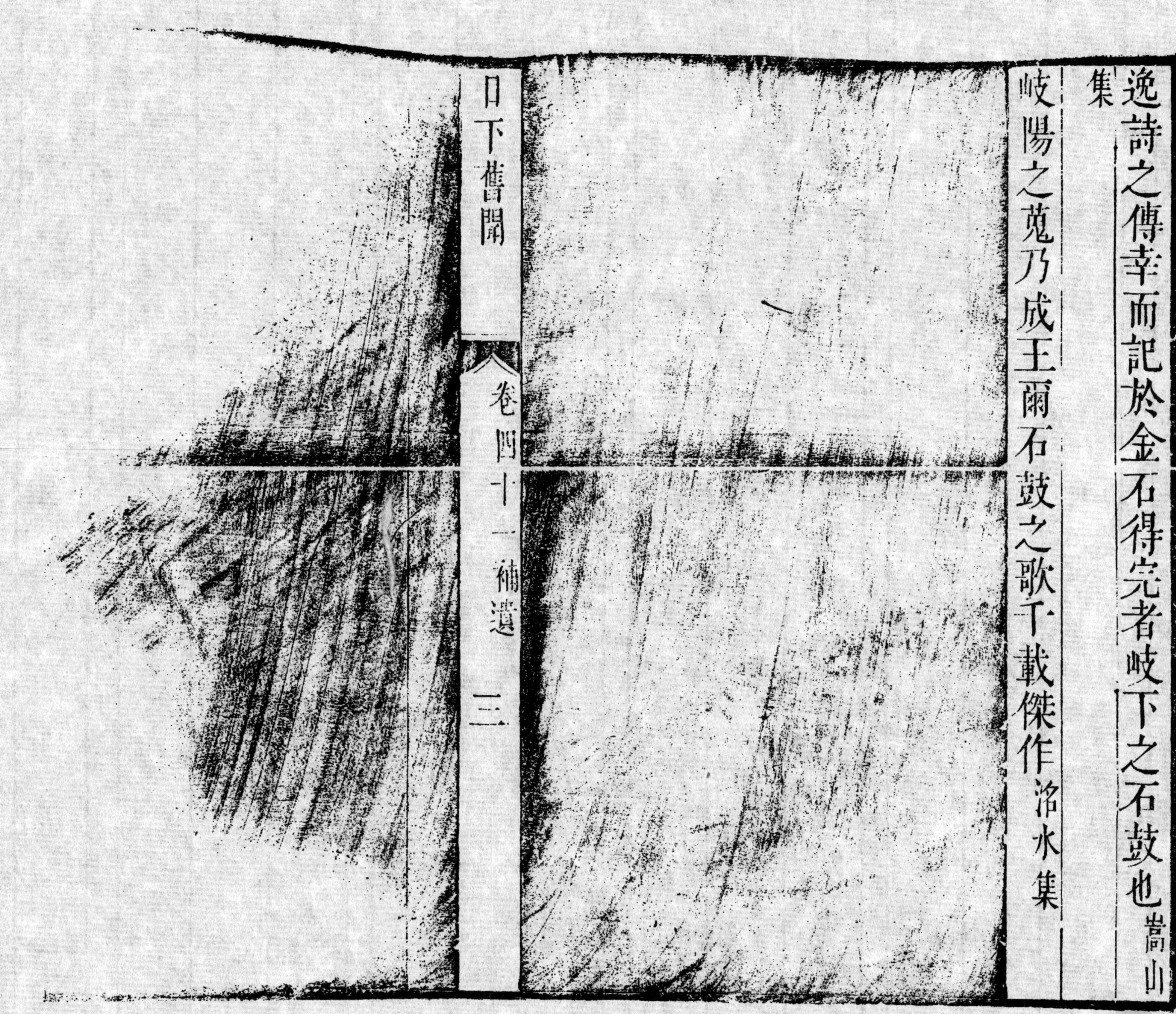

逸詩之傳幸而記於金石得完者岐下之石鼓也嵩山集

岐陽之蒐乃成王爾石鼓之歌千載傑作洺水集

彭陽之遺乃成上爾布設之版丁故深作汴水集

集

逸詩之傳幸而託於金石籍者或十之八不設也言

日下舊聞卷四十二

石鼓考下

石鼓自唐以來無定論荏平馬子卿以字畫考之云是宇文周時所造作辨萬餘言出入傳記引據甚明學者以此蔡正甫燕王墓辨子卿姓馬氏名定國荏平人金監察御史仕至翰林學士自號薺堂先生 中州集

周宣王時史籀變古文科斗爲大篆今存者祇有石鼓文耳 陵川集

石鼓自韋韓過於稱許適滋羣疑翟氏評周官遺蹟亟稱吉日碑而疑鼓刻于維字疑其不類古欵于以可疑其意不逮筆于柳帛君庶等字疑其促長引短以取稱夾漈疑秦篆荏平馬氏疑宇文周所爲 天慵先生集

大都國子監文廟石鼓十枚其一已無字其一但存數字今漸磨滅其一不知何代人鑿爲臼而字却稍完此鼓據傳聞徽宗時自京兆移置汴梁貴重之以黃金實其字金人得汴梁奇玩悉輦至燕京移者初不以此鼓爲何物但見其以金塗字必貴物也亦在北徙之列置之王宣撫家後爲大興府學大德之末集爲大都教授得此鼓于泥土草萊之中洗刷扶植足十枚之數後助教成均言于時宰得兵部差大車十乘載之于今國子學大成門內左右壁下各五枚爲磚壇以承之又爲疏櫺而扃鐍之使可觀而不可近然三十年來摹搨者多字畫比當時已多漫滅者然移來時已不能如薛尚功鐘鼎欵文所載者多矣大抵石方剡而高畧似鼓耳不

盡如鼓也 道園學古錄

史籀石鼓文薛尚功法帖所載字完于真本多故不更具真本在燕都舊城文廟鄭樵音不可信 學古編

石鼓文前人音辨多矣然皆以斷文連屬曲取意義其字有不可識者亦强爲之辭質諸真刻或前後相遠十餘字何其陋耶余舊藏甲秀堂小譜圖畫鼓形隨缺補字以意想像則我車既攻維楊及柳之句不止乎此因取真刻置几上列錢爲文以求章句參以薛氏款識及古文苑等書隱度成章因影得表其闕文不敢以已意塡補依穆天子傳例補以圍方其有重文亦注于右不可識者闕音惟鄭樵音訓最爲乖誕因削去不用昔淳熙間楊文昺以詛楚石鼓泰山嶧山碑作周秦刻石釋音其琅琊之碑不類秦文亦與收入似未盡善今皆刪定止存泰山嶧山刻字併二世詔文正詛楚絆 縫 遝 遂 二字共成一卷仍以周秦刻石爲題號云至大戊申十二月魯郡吾衍序 周秦刻石釋音序

六一公謂石鼓可疑者三余嘗至燕都孔廟草莽間手撫遺跡躊躕久之今又見此刻文裝褙甚整附昌黎東坡二詩于後余于是而深敬宗茂之好古也宗茂多蓄古人墨蹟名畫而家無銖兩資處之裕如吁是豈可爲俗子道哉 吳文正公集

草本隸隸本篆篆出于籀石鼓舊畫蔚有奇秀學者不可不厭觀焉或問石鼓顯于李唐韓退之韋應物以爲周文王宣王時歐陽永叔蘇子瞻謂非史籀不能作而

夾漈以爲秦文信乎曰以滌文知之衍極

金人馬定國嘗攷石鼓字畫以爲宇文周時所造作辯餘萬言余按元魏景明三年帝躬承弧矢射遠及一百五十步羣臣勒銘射所此北史宣武本紀所載今世尚有碑刻其詞有云慨岐陽之未訓又有彼岐陽由此觀之石决非宇文周之物也研北雜志

右石鼓文十其辭類風雅然多磨滅不可辨世傳周宣王獵碣初在陳倉野中唐鄭餘慶始遷之鳳翔宋大觀中徙開封靖康末金人取之以歸于燕聖朝皇慶癸丑始置大成至聖文宣王廟門之左右豈物之顯晦自有時耶鼓之所自先儒辨證已詳固不敢妄議然其文曰天子永寧則爲臣下祈祝之辭無疑又曰公謂天子則

似是畿內諸侯從王于狩臣述其君語天子之言吁鼓之時世雖不可必但其字畫高古非秦漢以下所及而習篆籀者不可不知也廸自爲諸生往來鼓傍摩撫玩弗忍去距今纔三十餘年昔之所存者今已磨滅數字不知後今千百年所存又何如也好古者可不爲之愛護哉間取鄭氏樵施氏宿薛氏尚功王氏厚之等數子之說考訂其音訓刻諸石俾習篆籀者有所稽云至元巳卯五月甲申奉訓大夫國子司業潘廸書翰林侍講學士通奉大夫知制誥同修國史兼國子祭酒歐陽元承事郎典簿尹忠承直郎博士黃溍奉議大夫助教那君璧從仕郎助教劉聞承務郎助教趙璉從仕郎助教康若泰同校石鼓文音訓

石鼓文始不見稱于前代自唐韋應物韓昌黎以爲周宣王時史籀作後人因之遂紛然附會以資博古殊無證據余謂宣王中興田狩遐徙儻見于車攻吉日之詩當時刻石宜不舍此而他取也昌黎云孔子西行不到秦掎摭星宿遺羲娥豈吉日車攻乃星宿而石鼓文反比羲娥乎况書取秦誓詩錄駟鐵車鄰等篇使秦地有石鼓文孔子何乃刪去而遺之乎設若誠爲宣王故物距今二千餘年秦漢碑碣往往磨滅殆盡豈石鼓露立野處僅刻細文而獨不盡泯乎歐陽文忠公固疑其非宣王時事而鄭夾漈博考字學以爲先秦之書溫彥威使三京又知其爲西魏文帝大統十一年西狩岐陽所作則非史籀書文明矣不然乃好事者蹈襲雅詩模倣籀文以欺後世如張覇僞古文書張天覺作三墳皆此

類也天台熊仁本識 石鼓論

宣王時石鼓文字形多如小篆恐當時與古文科斗書兼行 潛溪集

岐陽石鼓三代石刻之僅存于今者也宋東都時嘗鑄金塡其刻文移置宣和殿金人入汴剔取其金而棄去之故自靖康土宇分裂之後拓本絕不易得好事者以銀一錠購其十紙則其見寶於世可知國朝旣取中原乃輦至京師置國學廟門下於是搨本日以廣而字畫益漫漶不可辨矣至正 年義烏王禕 王忠文公集

烏乎三代之文字存于今者惟禹治水文穆王吉日癸巳史籀石鼓夫子比干盤銘延陵墓碣及法帖所載皇

頡文二十八字間見商周彝款識而已夫著夏之文漫不可考吉日癸巳延陵墓碣數字而已比干盤銘世復罕用商周款識又不多得法帖所載翻摹失眞然嚴正婉潤端姿旁逸銛利鉤殺自然而無涯生動而神馮機發秀出惟石鼓文焉耳矣竇臮所謂遠則虹伸結絡邇則瓊樹離披吉哉言也惜其歲久剝落至唐始顯遂至紛紛疑議歐陽文忠謂其書非史籀不能作但疑其自宣王至今實千有九百餘年理豈得存是不然也夫石刻之易漫者以其摹搨者多故也今石鼓委置草萊泥土之中兀然不動至唐始出以故完美如初況其石之質頑性堅若世爲碓磑者哉此不足疑一也鄭漁仲謂是秦篆因其以殹爲也見于秦斤以丞爲烝見于秦

權其文有曰嗣王有曰天子天子可爲帝亦可爲王秦自惠文稱王始皇稱帝以爲惠文之後始皇之前所作也余按易書經文無也字則知古轉用殹丞字正當從山取丞高意六月宣王之詩也曰王于出征以佐天子吉日宣王田獵之詩也曰天子之所曰以燕天子祈父刺宣王之詩也曰予王之爪牙此不足疑二也溫彥威使三京以爲後周文帝獵于岐陽所作葢因史大統十一年西狩岐陽之語而云也尤爲謬妄夫自秦漢晉宋隋唐以來苟能書者如斯冰瑗邕諸人皆名後世豈後周時有能書若此而不名乎況其詩詞嚴古尤非南北朝時所能到者且蘇勗韋韓諸公去後周未遠不應謬稱如是此不足疑三也故今斷然以爲宣王田狩之

詩而史籒之書也葢宣王田狩岐陽之時從臣贊美刻詞出于一時若車攻吉日則田獵東都時所作者其詞多與石鼓同如我車旣攻我馬旣同修備之詞一也麀鹿麌麌麀鹿趚趚獸多之詞同也車攻曰四牡龐龐四牡奕奕吉日亦曰四牡孔阜葢卽石鼓趕趕六馬四馬其寫之謂也它如駕言徂東駕言行狩卽我其用道之謂也曰之子于苗卽君子之求之謂也曰選徒嚻嚻徒御不驚卽徒驂孔庶遊从旣簡之謂也曰建旐設旄悠悠旆旌卽其斿𦙍斿之謂也其曰赤芾金舄卽華勑𡋯𡋯之謂也曰會同有繹卽來樂天子之謂也曰决拾旣佽弓矢旣調卽■秀弓孔碩彤矢𡘋𡘋之謂也曰兩驂不猗不失其馳卽左驂旛旛右驂騝騝之謂也

曰助我舉柴卽我鹿允異之謂也曰大庖不盈卽我公謂大害不余及之謂也曰允矣君子展也大成以燕天子卽君子乃樂天子永寧之謂也曰吉日維戊吉日庚午卽日維丙申之謂也曰田車旣好卽田車旣安我車旣好之謂也曰從其羣醜瞻彼中原其祁孔有卽我以隮于原我戎止射其來大有其來遺遺之謂也曰儦儦俟俟卽𤰞田若反之謂也曰旣張我弓旣挾我矢卽秀弓時射射之族族之謂也曰漆沮之從卽于水一方之謂也曰殪此大兕卽我毆其特之謂也又況石鼓漫滅者其詞繁而不殺不若車攻二詩嚴肅簡潔足該十篇之意故偶見刪削也古詩三千餘篇而夫子定爲三百十一篇此類是也若以不見收錄而遽以是疑之則論

語所引素以為絢兮偏其反而之句皆逸詩也豈可以是而盡疑論語乎前人音辨者多皆有得失或前後相遠者有之或多寡不同者有之歐陽集古所錄可見者四百六十有五胡世將資古所錄雖後出可見者四百七十有四吾衍氏比資古又加三字余得宋時搨本雖不能如集古資古吾氏所載然比今世所有者極為精好因裝潢成軸每鼓後以釋文譜之其闕文依吾氏潘廸補以圓方末書杜甫以下諸賢詩文時一觀焉則儼如對古人矣時洪武乙丑夏五月朔後學趙古則書鐵網珊瑚

石鼓文隋唐以前未見紀錄自蘇勗而下名公閒人稱述者始衆或以為周宣王時太史籀所書或以為秦人

之篆或比為西魏後周之制作評論紛更莫之適從雖歐陽文忠公之博古猶未免以其文細刻淺歷年深久而不漫滅為疑焉余友趙君撝謙獨能脫略舊聞辨正浮議定為籀文而不惑其高見遠識可謂度越前人什伯矣然前人皆以十鼓為十篇余則以為一詩而十章不知撝謙以為然否嗟乎自周宣王時逮今二千餘年石鼓之顯晦每有關于世運之興衰今自變故以來其存歿未可知而氊包輦運金填櫺護固不可復得乃得吾撝謙訂正而發揮之其亦籀文之幸也與吳但跋同上

岐陽石鼓文周史籀所作昔人以為宣王時物銛利鉤殺為大篆之祖自後別為十有三源分派衍沓見錯出

若李斯崔駰蔡邕李陽冰諸前烈以篆名家者率本于此昌黎韓公眉山蘇公詠歌深致重焉舜江趙先生撝謙得古刻完本裝潢成軸躬爲音注參考互訂用軍攻吉日詩比類而同之至謂周雅偶刪削蓋昔人所未發之旨所書篆隸渾厚高古如見史籀于千載之上觀人文以化天下者舍撝謙其誰哉時洪武二十二年八月初五日鄉貢進士將仕佐郎廣信府儒學教授四明鄭真識 同上

石鼓凡十相傳爲周宣王時史籀小篆歲久刻淺字多不可識非秦漢以來之人所能爲也 格古要論

永樂之初予與餘姚柴廣敬同被簡入翰林講學之暇因論及石鼓文廣敬爲道其師趙撝謙得善本審定爲周宣王時詩史籀所書無疑永樂十一年予從太宗皇帝來北京乃得見石鼓於太學門下亟磨搨成卷間一展玩惜其訛闕已多時廣敬去世七八年欲求趙先生所藏卷一觀庶稍補其闕文而不可得今稽勳員外郎柴蘭廣敬姪也忽持此卷示予閱之信爲善本而趙先生之文援引切當辨論精覈眞博雅君子哉廣敬純謹該洽不媿其師而蘭亦甚似之先生之所以教者可知矣卷留予閣中凡兩日得從容觀覽俯仰今昔爲之慨然 王文端公集

右石鼓文十元國子司業潘廸考訂音訓刊附于後在今北京國子監此刻鄭夾漈定爲秦篆歐陽公集古錄疑此文自宣王共和至宋嘉祐千九百年且文細刻淺

埋不應得存又疑其自漢以來博古好奇之士皆畧而不道余謂石鼓文决非秦漢以下之人所能爲謂文細刻淺者安知當時不深刻歷世久遠則磨滅如此而今文字之存者計裁三之一耳其中不可辨識者又三之一則亦久遠之驗也三代鐘鼎卣彝之屬前未嘗見稱於世而後來田夫牧子往往出之荒野埋沒之中者代有之矣何獨致疑于石鼓哉東里集

石鼓文并音訓在今北京國子監先聖廟門內始余欲求之而未知鼓之所在永樂七年來北京乃見之於此欲摹拓其文未暇及而歸後四年扈從再至又明年始摹得之深加愛惜乃請工人裝潢成卷并錄韋韓蘇之詩歐陽公王順伯跋尾於後以藏於家蓋自宣王至今

二千二百六十餘年矣而猶存此刻信物之奇古莫有先於此者然考其文之所存則其漫滅剝落已十之八九當歐陽公爲集古錄時尚存四百五十六字後二百二十八年當元後至元巳卯國子司業潘廸爲音訓時所存猶三百三十九字當時巳惜其剝落之甚又後有七十有六年至今永樂十二年甲午則僅餘二百七十八字矣就二百七十八字中昏缺難辨字或存半體証以音訓而後可識者又九十八字蓋其歲月益深則磨滅益甚加以摹拓椎擊之多其不能無損缺亦埋勢然也昔王順伯居宋南渡後不獲見此鼓而甚貴其文以爲難得況至於今又二百餘年其可寳貴當何如也故并述其年歲之久近其文之多寡使後乎今者得以此

參考素齋集

石鼓文韓文公謂爲周宣王時韓公必有所見也格古要論 補

右石鼓文宋代搨本洪武中藏于餘姚儒者趙古則後歸予家石鼓昔人論之詳矣趙氏跋謂温彥威使三秦以石鼓爲後周文帝獵于岐陽所作而斷其謬妄予按姚氏殘語云彥威使三秦此得之僞劉詞臣馬定國然亦非金元好問編中州詩定國小傳云仕金翰林學士考石鼓字畫定爲宇文周時所造作文辨之萬有餘言元台州劉仁本爲石鼓論本之定國而斷其非籀之書二子謬妄固不俟言跋復謂蘇勗韋韓諸公去後周未遠不應謬稱如是而以其言爲可信予觀應物退之其後去周似爲遼濶勗貞觀時仕吏部侍郎視後周則誠未遠又按李嗣眞書後品張懷瓘書斷亦皆以石鼓爲史籀嗣眞高宗時人而懷瓘老于開元則稱石鼓爲籀書者始于蘇氏繼于李張而退之直據之爾古則字撝謙宋宗室之後讀書博古尤精字學所著有六書本義聲音文字通二書嘗仕廣東瓊山教諭卒于官金薤琳瑯

鄭夾漈謂石鼓至唐始出于岐陽鄭餘慶取置鳳翔孔廟而亡其一皇祐四年向傳師求于民間得之十鼓遂足王順伯謂五代之亂鼓復散失司馬池復輦致府學其 已亾向傳師搜訪足之二說皆同予近見傳師跋謂數內第十鼓較之文亦不類訪于閭里果獲一鼓字

雖半缺驗之書體眞得其蹟遂易而置之其數方備乃知第十鼓其先蓋嘗有僞爲者至傳師而眞鼓始復出此皆王鄭之所未及豈其未嘗見向跋耶鄭復謂大觀中鼓置之辟雍復取入保和殿經靖康之變未知其遷徙與否王則謂大觀中鼓歸京師詔以金塡其文靖康之末保和珍異北去或傳濟河遇風棄之中流而存亾未知後王子充題此謂金人入汴剔取其金而棄去之至元乃輦至京師置於國學廟門之下予按胡世將資古錄云崇寧中蔡京作辟雍取十鼓置講堂後辟雍廢徙置禁中則置之辟雍者蔡氏而所謂禁中即保和殿也若王鄭之說未知其遷徙存亡蓋當是時北方非中國所有而二公又皆南人故云然也及觀之虞伯生云

金人得汴梁鼓亦北徙留王宣撫宅宅後爲大興府學伯生助教成均言於時宰得置之國學大成門內則淪入濟河與夫金人棄之之說皆不足信不知二公何從而得此也鼓今在北京國子監即元之舊地予官禮部時嘗命工搨之字多漫滅較之宋本僅十之二三而已同上

石鼓詩周宣王獵碣也于詩體屬小雅或以爲周成王時以左傳成有岐陽之蒐證之亦一說也風雅逸篇

石鼓文在太學潘廸有音訓凡四百九十四字予得唐人拓本於李文正先生凡七百二字蓋全文也嘗刻之木以傳矣然都元敬金薤琳瑯劉梅國廣文選所收仍是殘闕四百九十四字本蓋亦未見此也丹鉛錄

石鼓文韋應物以爲周宣王臣史籀作韓退之蘇子瞻皆以爲然而後或以爲後周宇文時所刻則疑之甲之甚矣予按宣王之世去古未遠所用皆科斗籀文今觀說文所載籀文與今石鼓文不同石鼓乃類小篆可疑一也觀孔子篆比干墓及吳季札墓尚是科斗則宣王時豈有小篆乎又按南史襄陽人伐古塚得玉鏡竹簡古書江淹以蝌蚪字推之知爲宣王時物則宣王時用科斗書可知矣鞏豐云岐本周地平王東遷一本作徙以賜秦襄公矣自此岐地屬秦秦人好田獵是詩之作其在獻公之前襄公之後乎一有其字類小篆一句地秦地也字秦字也其爲秦物可知一作其爲秦詩何疑此說有理予竊信之書以俟知者同上

石鼓今在太學其文爲章十總六百五十七言可模索者僅三十餘字鼓旁刻元潘廸氏音訓一碑二百年前物也惜夫遺墜字無慮近百載考唐人古文苑此文特軋卷首裒錄年歷遠在音訓之先然廸所遺墜者此仍鈌如也薛尚功鄭樵二家各有音釋與古文苑所載大抵相出入文無補綴義鮮發明三家之外見其文者或寡矣好古者以爲深慊又廸所訓釋君子員員邋邋員斿二句牽合紕謬重堪嗢噱原古人書字下句之首承上句之末文同者但作二點更不復書此易見耳廸既誤讀君子員員邋邋員斿遂復臆釋云員員衆多貌邋邋旌旗搖動貌此豈特文法大戾書例亦大昧矣君子員員成何訓詁邋邋員斿成何語言不知妄作乃所謂

郢書燕說也一隅若此餘奚取哉慎昔受業於李文正先生暇日語慎曰爾爲石鼓文矣乎則舉潘薛鄭三家者對先生曰否我猶及見東坡之本也篆籀特全音釋兼具諸家斯下矣然本隻字存將恐久而遂失之也當爲繼絶表微手書上石又作歌一首蓋丹書未竟而先生已棄後學矣夫今又將六年追維耳言未墜手跡莫續天固愛寶奈斯文何敢以先生舊本屬善書者錄爲一卷音釋一卷今文一卷韋應物韓退之蘇子瞻歌三首唐愚士古詩一首先生歌一首附之卷末藏之齋閣以無忘先生之教云 楊升菴集

慎得石古文拓本於先師李文正公賓泉所謂石雖貞而云泐紙可壽而保傳胡世將所云岐下有摹即此是也元至元丁未唐愚士翻刻於太學作歌紀之今本存焉據古文苑所載及王順伯鄭漁仲二公石鼓音皆言其文可見者四百七十有四梅聖俞贈逸老以石鼓文見遺詩云四百六十飛鳳凰以茲本所載六百五十七字完好無訛斯文所在眞有神物護持邪得之不啻寶玉大弓矣歐陽公獨言漢桓靈世碑刻未及千載磨滅者十之八九自宣王至今千有九百餘年豈得獨存又疑此文初不見稱於前代又謂隋氏藏書最多其所志所錄自始皇刻石婆羅門外國書皆具而獨無石鼓遺大錄細不宜如此嗚呼歐陽公所見謬矣隋藝文志所收固博矣寧無絓萬而漏一乎試引前代名士之言所及歐陽公雖復生亦必心服焉後周吏部侍郎蘇勗云

世咸言筆跡存者李斯最古不知史籀之跡近在關中此可證一也唐章懷太子賢注漢書鄧隲傳遭元元之災引岐陽石鼓文凡重言者皆爲二字此可證二也高宗時李嗣眞書後品云倉頡造書鬼哭稟凜史籀堙滅陳倉籍甚此可證三也開元中張懷瓘書斷云籀文者周太史史籀之所作也其跡有石鼓文存焉今在陳倉縣李斯小篆兼採其意此可證四也徐浩古跡記云史籀石鼓李斯嶧山會稽碑崔子玉篆蔡邕並爲曠絶此可證五也杜工部贈李潮八分小篆歌云陳倉石鼓久已訛此可證六也韋應物石鼓歌云周宣大獵兮岐之陽刻石表功兮煒煌煌喘息逶迤相紏錯乃是宣王之臣史籀作此可證七也至德中竇臮述書賦云篆則周

史籀秦李斯漢有蔡邕後代師之籀之狀也若生動而神憑通自然而無涯遠則虹伸結絡邇則璺樹離披又云周秦漢之三賢今目驗之所先石雖貞而云泐紙可壽而保傳其弟蒙注云史籀周宣王史官岐州雍城南有周宣王獵碣十枚上篆文今見打本此可證八也至昌黎之歌一出則表章稱贊至矣歐陽公尊信韓公而不從此其意云何令八公紀述及韓而九九微至而不肖得矣歐九果不讀書邪此公葢師心獨見至謂十翼非孔子所作河圖洛書不足信無所忌憚如此何有于石鼓乎東坡之歌繼韓而作先後如出一口豈阿私所好者邪他若周越法書苑樂史寰宇記趙明誠金石錄王深甫故迹遺文張師正倦遊錄胡世將資古紹志錄

所云不暇縷縷可覆視也司馬池待制知鳳翔府日輦致于府學之門廡護以一木欞鄭樵石鼓音云鼓亡其一皇祐四年鄭餘慶向傳師求于民間得之十鼓于是乎足梅聖俞贈甯逸老儆石鼓文見遺因呈昊祭酒長詩畧云我欲效韓非癡狂至寶宜列孔子堂其後徽宗大觀中始移置之辟雍復取入保和殿元人移之太學刻潘廸釋文以畢先師之志遂詳述其說以印正於海內大方家云 同上

石鼓文字畫奇古皆云史籀書不知何時徙置北太學門廡下字磨漫過半矣升菴得唐人拓本于李文正所凡七百二十二字葢全文合於潘廸音訓間有同異然無從復考 金石古文

石鼓詩先儒辨論至多葢風雅之遺鼓今在北監予爲國子司業時慮其日泐也欲扃鑰之而不果別有樹碑一元司業潘廸以今文寫之仍其舊闕潘仕大德間虞文靖公集助教成均時嘗謂十鼓其一已無字其一惟存數字潘虞相去不遠其言如此今去之又將二百年石可知矣詩之存者頗賴諸家文字集錄以傳石顧足恃哉博洽之儒如王順伯鄭漁仲搜訪訓釋靡餘力矣咸存斷闕焉歐陽公集古所錄才四百六十有五字胡世將資古所錄僅多九字乃稱先世藏本在集古錄之前孫巨源於佛龕中得唐人所錄古文乃有四百九十七字視資古又前矣又前之則韓文公所見紙本已謂毫髮備盡復有年深闕畫之歎韋應物亦謂風雨闕訛

而杜工部直云陳倉石鼓久已訛其上下芒數如此近世吾衍子行尤號博雅自謂以甲秀堂譜圖隨鼓形補闕字列錢爲文以求章句又參以薛尚功歘識諸作斯已勤矣亦僅得四百三十餘字每鼓列行裁分爲十而章句次第又與諸家不同子行介士未嘗入燕止於畫中見鼓爾不知近日何緣得此十詩完好乃爾耶此詩出於修撰楊用修愼若所從來果有的據豈非千古之一快哉如以補綴爲奇固不若闕疑之爲愈也 金臺紀聞

石鼓文辭旣深典出入雅頌而書法淳質是籒史跡其爲宣王田獵之語可據歐陽公獨以臆見疑之爲書家諸學士貶擊殆無地可容若以夫子之所不應刪則非也詩固有夫子之所未盡見者此石今猶在太學而人不知護持豈亦所謂舍周鼎而寶康瓠者耶 弇州山人稿

岐陽石鼓唐韋應物韓退之謂爲宣王之鼓宋程泰之以爲成王鼓趙明誠謂决非周以後人所能及獨歐陽永叔以爲可疑其謂今世所有漢桓靈時碑往往尚在距今未千歲大書深刻而磨滅者十猶八九此鼓至今千九百餘年鼓文細而刻淺理難獨存趙明誠謂秦以前碑如此鼓及詛楚文泰山秦篆皆粗石性堅頑難壞殊未然也至金人馬子卿以字畫考之謂是宇文周所造作辨萬餘言出入傳紀引據甚明其全文今不可見按北史蘇綽傳云周文帝爲相欲革文章浮華之弊因

魏帝祭廟羣臣畢至乃命綽爲大誥奏行之是後文章皆依其體而魏文帝十一年十月嘗西狩岐陽其子武帝保定元年十一月丁巳狩于岐陽五年二月行幸岐州由此言之則石鼓文爲宇文周所造無疑文既倣書則詩體倣詩亦無疑觀武帝太和元年正月考路寢命羣臣賦古詩亦其一證也況考古博古二圖集古金石二錄凡篆文出三代者皆鐘鼎器物款識無刻石者惟贊皇山吉日癸巳四字以爲周穆王時書詛楚文以爲春秋時書世傳比干吳季子墓碑雖皆刻石前哲已辨其爲漢書郊祀志起少昊顓頊歷三代直至秦始皇始有立石頌德之文故隋志所收有始皇刻石前此未聞則石刻當斷自始皇爲始始皇所以刻石者亦傳國璽有以先之耳韓章臆度之語要不足據 筆乘

石鼓在國子監文廟戟門內左右世傳周宣王獵碣大徑尺餘高可三尺其形似鼓而頂微圓 名勝志

籀文比古文又殊石鼓是也舊本因石刻火焚風剝多闕而不全乃驗其眞近時楊用修刻本穿鑿補綴文太完備是可疑耳 古今印史

周宣王石鼓凡十久棄陳倉野中僅存其八唐時鄭餘慶始徙至鳳翔縣至宋仁宗皇祐間向傳師得其二於是石鼓始完宋徽宗又徙之辟雍靖康之亂金人取歸燕亦置之文廟元仁宗又移置國子監文廟戟門左右並列使後學得牖周世第一奇文卽天球拱璧不啻也因思宋世崇文好學得此無足怪然而璞重難移非他

珍異可篋笥藏者粘沒罕輩破城時日索金銀表緞何以亦及此大骨董益天意使然他日金宣宗遷汴後蒙古攻城一切頑石俱充砲用即艮嶽無片礫存者十鼓雖微安得自免乃以在燕得留至聖朝爲文藝佳話殆有神物呵護不可誣也古人如韓愈蘇軾洪邁輩俱有歌咏及考據但是時文尚多缺字至正德間李東陽楊愼尋繹補訂始稱全文燦然大備矣 野獲編

史籒取倉頡形意損益古文或同或異轉相配合加之銛利鈎殺爲大篆以其名顯故謂之籒書以其官名故謂之史書以別小篆故謂之大篆今之石鼓文是也 游鶴堂墨藪

石鼓文宋東都時嘗鑄金塡其刻文置保和殿金人入汴剔取其金而棄之靖康分裂之後拓本絕不可得至元國子司業潘廸考訂音訓刊附於後置北京國學于是搨本日以廣而字畫之存者僅三之一耳且中不可辨識者又三之一則亦久遠之一驗也若今之轉摹者則謬甚矣 同上

古篆之見于世者石鼓也非獨其筆畫之古雅規制之渾厚三代遺風宛然可挹或以宇文周時作者妄無疑也 五雜組

宣聖廟戟門石鼓十元皇慶初移于此辭類風雅字皆古籒文非秦漢以下所及然多磨滅不可辨矣 長安客話

史籒石鼓皇象國山二刻晉唐名書皆得此意所以爲

工二刻時代旣遠猶可想見古人之遺也學古緒言

岐陽石鼓文有謂周宣王獵碣者惟董程二氏以左傳成有岐陽之蒐證之鑿鑿有據其畧云考之書天子大蒐會諸侯施命令非常事也史不得無書若宣王蒐岐卽周史失之列國不得並逸胡後世無聞焉則爲成王信矣其言眞如嶽峙不可復撼第廣川有其學有其識有其辨而無其筆故不勝藤葛糾纏確論反晦耳鄭樵謂爲秦惠文後及歐陽三疑皆贅說迷謬不足與辯韋應物謂爲文王之鼓宣王刻詩眞如少君古强之徒曾目覩其事也何物又有馬子卿者以爲宇文周時作一似無目者益大可笑樵又謂石鼓者立碑之漸千載名言至謂以石爲鼓繇其土地之所出則非也古人制作尚象不爲虛器豈止以地之所出苟且不法耶觀九州貢物攻工制器無一不窮極奧渺以石爲鼓何所取則乎今石鼓在太學聖廟戟門左右寶護無人冬輒篝火撫搨燬剝日甚余曾手摩其文與鼓形了不似其堅類玉故能久存就石形之自然少加琱琢旋轉刻文行字或七或六少華山前石之堅潤者與此無異想當時因有隹石卽刻畫蒐所而已第文無不典字無不雅民休王遊自加寶愛此三代有道之長也非以後世竭力徵石造天無極刻龍繡螭築藩置守妄意垂遠然不一轉盼旋離野火能得鬼神呵護至今哉悲夫余旣裝潢成而題曰周岐陽石古文斷以成王時物而不以鼓名足刋古今之謬金石史

石鼓文出入雅頌書法淳質出周宣王時史籀筆亾疑都元敬楊用修王元美諸人辨之已詳余借得一本雖磨泐特甚眞三代物也古人有以爲秦物者已非又有以爲宇文周物者尤可笑歐陽公最號博雅乃亦疑之遂令後人譏駁無地自容矣今石猶在太學門內 石墨鐫華

岐陽石鼓宋東都時嘗鑄金塡其文移置宣和殿金人入汴剔取其金而棄去之故自靖康土宇分裂之後搨本絕不易得好事者以銀一錠購其十紙 書畫史

東坡有手鈔石鼓文篆籀全音釋備遠勝潘廸等所錄 紫桃軒雜綴

按古文苑所載石鼓文稱孫巨源得于佛書龕中蓋唐人所錄僅四百九十七言耳章樵爲之考正集釋又薛尚功鄭樵潘廸諸家咸有音訓然有闕文靡所增益楊用修自言受學于李文正公得蘇文忠舊本益七百餘字易以今文傳之陝西誌亦載此文其文悉與楊本同而字畫訓釋頗異 古詩紀注

鄭漁仲謂石鼓有秦權文亦周時先有此文而秦權用之耳金馬子卿謂是宇文時造焦弱侯以蘇綽傳魏文十一年狩岐陽考武保定元年又狩岐陽命綽倣大誥則詩體倣詩可知然當時何以不刻年月豈故爲此迂後世耶 通雅

石鼓高二尺廣徑一尺有奇其數十其文籀其辭誦天子之田元大德十一年虞集爲大都教授得之泥中始

移國學大成門內言鼓者人人殊謂周宣王之鼓韓愈張懷瓘竇臮也謂文王之鼓至宣王刻詩韋應物也謂秦氏之文宋鄭樵也謂宣王而疑之歐陽修也謂宣王而信之趙明誠也謂成王之鼓程大昌董逌也謂宇文周作者馬子卿也鼓文剝漫宋治平中存字四百六十有五元至元中存字三百八十有六據今搨本則甲鼓字六十一乙鼓字四十七丙鼓字六十五丁鼓字四十七戊鼓字一十二巳鼓字四十一庚鼓字八壬鼓字三十八癸鼓字六共三百二十五字存惟辛鼓字無存者 帝京景物畧

元初都城廟學燬于兵王檝取舊樞密院復創立之春秋率諸生行釋菜禮仍取岐陽石鼓列廡下石鼓迄今無恙檝功也 因樹屋書影

石鼓凡十相傳爲周宣王獵碣而唐韓退之作歌至云陋儒編詩不收入二雅褊廹無委蛇今讀其文皆淺近之辭殊不類車攻吉日之閎深也金史馬定國傳言石鼓自唐以來無定論定國以字畫考之云是宇文周所造作辯萬餘言出入傳紀引據甚明楊用修最稱好古而亦曰宣王之世去古未遠所用皆科斗籀文今觀說文所載籀文與今石鼓文不同石鼓乃類小篆予獨以其辭不足儕于二雅而疑之今在國子監先師廟戟門左右 金石文字記

言獵碣者多指爲宣王之鼓葢緣文有我車旣攻等語與小雅相似爾然古人句法相同毛詩中多有之不得

執此以定其爲宣王之鼓也至于成有岐陽之蒐則見于左氏傳可爲明徵似三監既平破斧缺斨之後簡軍實修武備于先王肇基之地其文有曰害不余及亦猶鴟鴞之詩所云莫敢侮予也書學聖蒙

南京府學明德堂後有天發神讖碑石凡三截北京國學廟門有獵碣鼓凡十枚一爲吳皇象書一爲周史籀書皆篆學之祖也鼓本在岐陽之野一徙而置鳳翔學宮再徙而置汴保和殿三徙而至燕王宣撫宅四徙而置今所當日保和殿中如詛楚文及文翁禮殿繪像咸在今存者惟此十鼓攷宇文懋昭大金志正隆三年詔平遼宋所得古器年歲深久多爲妖變悉令毀之而此十鼓獨無恙且剗爲臼而文不傷剔其金而字猶在信有神物呵護者然兩京求舊錄

按石鼓籀文雖與大篆小異然離鐘鼎款識未遠其爲三代之物信矣而諸家或疑之馬子卿至謂宇文周所刻誠傖父之言也十鼓向闕其一皇祐間始得之歐陽永叔見之最早文存四百六十五字爾薛尚功則云歲月深遠缺蝕殆盡今款識所載乃得之前人刻石者方之永叔僅多二字胡世將資古錄云所見者先世藏本在集古之前僅益九字至潘慖山作音訓時止存三百八十有六字而巳楊用修謂從李賓之所得唐人拓本多至七百有二字又言及見東坡之本人多惑焉

愚攷第三鼓潘氏音訓有避衆既簡句古文苑脫避字有衆字用修不取均以六師二字第四鼓潘本有四馬其寫六轡口鶩句鶩上脫一字古文苑本鶩作重文用修亦不取更以六轡沃若第五鼓霝雨上古文苑有淒淒二字薛氏施氏本則有天字用修亦不取增我來自東四字夫車攻狩于東故云駕言徂東東有甫草若岐陽在鎬京之西豈得云我來自東乎至於第六鼓因民間窪以爲臼其上漫漶以諸鼓驗之每行多者七字少者六字此鼓行僅四字上皆缺二三字用修每行增一字强之成文又如第七鼓用修增益徒

御嘽嘽會同有繹或羣或友悉率左右以燕天子咸與小雅同文尤可異者鼓有奚文郭氏云恐是奧字古老反大白澤也用修遂以惡獸白澤入正文中其亦欺人甚矣攷賓之石鼓歌中云家藏舊本出梨棗楮墨輕虛不盈握拾殘補缺能幾何以一涓埃裨海嶽夫以歐陽薛胡諸家所見止四百餘字若賓之本有七百餘字拾殘補闕亦已多矣賓之不應爲是言也子瞻之詩曰韓公好古生已遲我今況又百年後强尋偏旁推點畫時得一二遺八九模糊半已似瘢胝詰曲猶能辨跟肘子由和之有云形骸偃蹇任苔蘚文字皴

剝因風雨字形漫汗隨石缺蓄蛇生角龍折股夫川修之本旣得自賔之傳自子瞻是子瞻克見其全子由亦得縱觀子瞻子由又不應爲是言也杜子美詩有曰陳倉石鼓久已訛韋蘇州詩有曰風雨缺訛苔蘚澁而韓吏部歌曰公從何處得紙本毫髮盡備無差訛又曰年深豈免有缺畫則石鼓在唐時已無全文故吏部見張生之紙本以爲難得也吳立夫詩亦云岐右石鼓天下觀駱駝載歸石盡爛夫以唐宋元人未見其全者用修獨得見之此陸文裕亦不敢信由石鼓而推之用修他所攷證吾亦不能已於疑無惑乎陳晦伯有正楊一編矣

日下舊聞卷四十二終

石鼓考下

籀文與古文不相遠但筆體或本大末殺首尾勻圓之異爾 六書統

叔重並不得見故說文十九不收 說文長箋

三代遺文如詛楚之古雅石鼓之遒逸壇山之高簡許

岐陽石鼓文或謂周文王時作或謂宣王時作或謂秦惠文後始皇前所作或謂宇文周所作獨程氏大昌以左傳昭公四年椒舉稱成有岐陽之蒐杜預注成王歸自奄大蒐于岐山之陽謂鼓當刻于此時可謂明徵矣董氏逌又引叔向楚置茅蕝一節更足發明其爲成王制作益無足惑矣皇甫氏帝王世紀成王營洛邑復都

豐鎬淮夷徐戎及奄叛乃大蒐于岐陽東伐淮夷按此與左傳注先伐後蒐似相背戾然以愚論之武王克商嘗散牛歸馬戢干戈櫜弓矢示天下不復用意天下不復叛也無何祿父盜兵三監煽亂殽函以東非復周有于是出既戢之干戈而復稱之收既稅之牛馬而復駕之名既散之卒甲而復伍之就岐陽而講武卽蒐田以用衆亦事理之不無若然則以文攻之天子嗣王成王也公周公也君子則邦伯侯衛及三事六官之屬其文則史臣之筆是時史佚作虎書魚書鳥書非頡禹之後至籀始更其文也如銅槃銘詛楚文體皆瑰異非蝌非古是周時諸文並行籀特其一種爾王氏寀摹勒汝帖倉頡夏禹欵識封比干墓銅槃之後先次以岐陽石鼓

然後列史籀書則未嘗以鼓文爲籀書也若夫宣王東
都之會雖見于詩其時玁狁蠻荊騷然不靖既用兵于
鎬東之徐淮顧治兵于鎬西之吳汧非所以順人情而
播先聲矣鄭氏樵又以斤權文同目爲秦作復以秦稱
王號附會天子嗣王之文夫秦雖稱王未嘗自居帝制
臣下稱君亦未有稱公者況斤權之文雖刻于始皇之
世亦必先有文而後有斤權文未必爲斤權而作故止
可曰見不可曰出也且何以知秦人必用其自製之字
無一字沿襲且小篆始于始皇則前此亦用舊文矣至
于十鼓其一爲臼疑鄭餘慶徙置學宮時已然故昌黎
詩云故人從軍在右輔爲我量度掘臼科也及五季都
洛鳳翔學校荒蕪土人因其已臼乃復臼之爾 書學聖

彙

十鼓自甲至癸諸家詮次先後不同惟山潘氏所序益
依國學位置近見嘉定孫氏更序董逌本以潘氏第六
鼓爲第一鼓曰王命除道也第十鼓爲第二鼓曰至岐
陽而禱禡也第八鼓爲第三鼓曰簡車馬也第一鼓爲
第四鼓曰六事之人師武臣力也第三鼓爲第五鼓曰
天子親田柴獲之盛也第四鼓爲第六鼓曰田畢數獲
也第二鼓爲第七鼓曰陳魚也第七鼓爲第八鼓曰克
君庖也第五鼓爲第九鼓曰從流而歸也第九鼓爲第
十鼓曰班師休士也其義又與薛鄭諸公有別 杏浦輯
聞

石鼓文不見錄于詩說者紛紛要未探其本竊意古人

著作或范金或刻石或作冊各有所施范金刻石者未必復書于冊太師所掌之詩皆書于冊而不及金石孔子特取太師所掌而序之宜于石刻未見錄也 炙硯錄

蘇公石鼓歌乃鳳翔八觀詩之一公爲鳳翔推官因覽古遺跡賦詩非若昌黎見紙本而作也故其詩曰舊聞石鼓今見之而楊用修謂從李賓之所見東坡之本篆籀特全音釋兼具升菴集中稱六百五十七字完好無譌用鉛錄又云得唐人拓本凡七百二字蓋全文不覺自相矛盾夫石鼓宋初已亡其一止有九枚皇祐間向傳師始求得之歐陽永叔云其文可見者四百六十有五梅舜俞詩亦云四百六十飛鳳凰東坡官鳳翔日又在永叔舜俞之後卽有手拓本亦不過四百六十餘字而已豈得全文具備乎然則用修特欺人罔世之辭爾旣易以今文傳之秦人無識遂以楊本載入陝西志又從而刻石臨朐馮汝言編古詩紀亦用其文學者所當駁正也 黑蝶齋小牘

金源馬定國以石鼓爲宇文周時所刻是大不然鼓文高古毋論曹喜皇象所不及卽李斯猶當遜之此豈趙文淵輩所能書乎 西神脞說

甄豐六書無籀法而古文中不別孰爲籀體則大篆未皆出史籀也 僊霏齋集

石鼓詩辭與三百篇同文者惟我車旣攻我馬旣同二句爾楊用修增益之于是六轡沃若我來自東會同有繹或羣或友悉率左右雷同者不一又竄入尚書歸格

藝祖之文自來諸家釋石鼓未嘗有是文也鴻寶錄
程大昌雍錄極辨石鼓非宣王物予獨取之蓋後周之說固謬妄不足論卽謂出于宣王及秦人者亦皆未詳本辭故爾予謂中興詩尙簡潔秦風辭多險峭而石鼓閎碩典雅頗近東山七月之遺響宜爲成王之詩一也以爲秦作似宜在平襄文之間蓋襄公始命有田獵之事而文公嘗東獵至汧渭又伐戎收地至岐爾時秦未嘗稱王安得嗣王天子之名乎二也秦故保西陲地近鳥鼠若獵于岐陽是自西徂東不應言我來自東三也秦時才得列爲諸侯獨以赤馬黃牛各三涇祠西畤寶鷄之類安得有進獻用特歸格藝祖之禮四也且以爲宣王詩則是時猶都鎬而岐在鎬西自岐畋罷還鎬又

不當云駕言西歸也五也蓋成王伐奄歸而蒐于岐奄在東方故曰我來自東淒淒零雨又曰駕言西歸此蓋追述歸時道路之艱苦有勞人恨士之思焉與東山極相類或卽是周公所作當時始絀殷命淮徐煽亂方用兵之際故東伐淮殘奄歸復蒐岐以耀兵講武其云告于太祝卽周禮太祝之職所謂軍歸獻社則前祝是也且周公無逸以嗣王稱成王立政又云告嗣天子王矣則所稱來嗣工始尤爲成王無疑 臣林

春秋左氏傳椒舉言于楚子曰成有岐陽之蒐杜氏注成王歸自奄大蒐于岐山之陽竹書紀年成王六年大蒐于岐陽又傳叔向曰昔成王盟諸侯于岐陽楚爲荊蠻置茅蕝然則石鼓是成王物傳有明徵此廣川董氏

沙隨程氏斅然斷以爲成王之鼓也夫春田曰蒐今經其辭時則霝雨地則漳淵涉則舫舟草則若華木則楊柳帛魚鱳鱳于水一方維舟以道或陰或陽春時景物宛然在目其殆蒐于岐陽時作乎或乃以我車既攻二語同于小雅因定爲宣王之鼓然詩三百篇不雷同有叔于田則大叔于田以別之有杕杜則有杕之杜以別之使果皆爲宣王時作則于苗既云我車既攻我馬既同矣于蒐豈復仍用其辭詩人不若是之詰窘也惟因二語與小雅同卽此可辨其非宣王之鼓蓋鼓是成王文宣王中興紹其先志因而用其辭此所謂復古所謂展也大成云爾 翁古錄

昆田謹按嘉定孫氏錢唐毛氏諸氏其論石鼓均主成王各有發明足補董程之所未及第毛氏仍據楊氏本以我來自東駕言西歸爲證不知第五鼓霝雨之上諸家詮次並無我來自東之文鄭氏石鼓考雖釋有西歸文其上乃作舫舟非駕言字此出用修作僞不足據也

石鼓文尚是三代鐘鼎款刻遺意蓋隨字畫多寡而爲之形體秦權衡亦然 書則

石鼓文唐貞觀中始出太師采詩之遺非孔子所刪也 石鼓文攷注

說文所存籀書二百餘三字其石鼓僅鼎鬲及敦卣劚彝串 本本本本 九字 同上

內閣學中七字同一

說文所存籀書一百餘三字其古錢僅此簡叚鼓

不是文故注

有鼓文唐貝識中始出大師采詩之遺其孔子所刪也

之形體秦權衡亦然言例

有鼓文尚是三代遺器篆文衍宣意蓋闕字畫之篆而為

之無也

其上乃作衙斗非篇言字此由用修作偽不

從米自東之文鄭氏不鼓者難籒有西歸文

為道不知鄭五鼓需雨之上流家命大道無

寓七以作箍氏本以放來自東豁言西歸

鼓均主成王各有義明足補畫程之所未及

口一書開　卷四十一箱遺　二

評侍講定林氏錢塘王氏諸氏其論石

謂叚也人成　是歲云兩籀古錄

王文宣王中興絡其先志因而用其解此所謂復古所

因二語與小雅同即此可辨其非宣王之鼓蓋據此成

既同究于竟遠復乃用其辭詩人不若是之詩究也難

別之使果皆為宣王非作則由隋已後車既攻我馬以

有以干田則大放于田以別之有林則有林之柱以

語同然于小雅因定為宣王之黃然詩三百篇不雷同

亦然在日其旁應于岐陽將作乎或乃以抉中既文二

柳自敘樂于木一方維所以道或陸以閥春時是樂鵰

其辭故則需雨于地則自淵井則略自草則若草木則鵠

此體程氏數然斷以為成王之鼓也夫春田目蒐入奉

出版後記

《日下舊聞》是歷史上第一部也是當時最大一部研究北京地方史志的專著，其引用的一千六百多種歷代涉及北京的典籍資料，是研究北京史的寶貴資源庫。舒小峰局長對《日下舊聞》的影印出版和今後的研究工作提出了指導性意見，祁慶國主任提議爲中心今後出版的所有圖書設立『古楸軒書叢』編號體系，并把《日下舊聞》影印本編爲『北京市文物局圖書資料中心古楸軒書叢』甲種的第一部付梓，其意義自不言而喻。經科研處審批同意出版，特此致謝。

本書的數字化采集工作得到了國家圖書館出版社的大力協助，責編王燕來先生爲此書的出版付出了辛勤的工作，謹此致謝。

北京市文物局圖書資料中心

二〇一七年四月